KB234502

Contents 차례

Disney

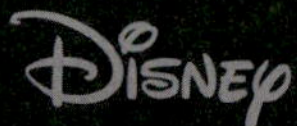

Snow White and the Seven Dwarfs

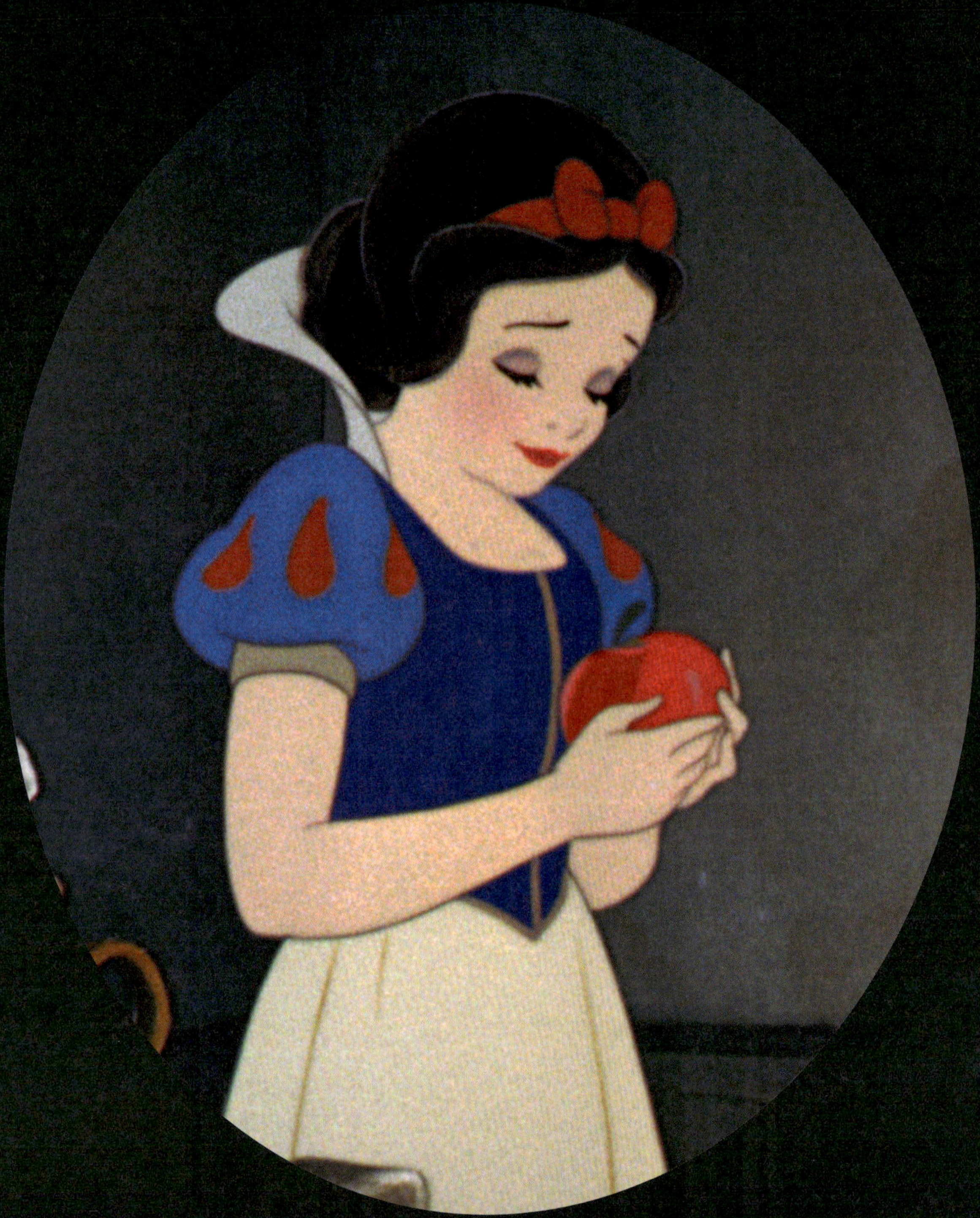

백설공주와 일곱 난쟁이
Snow White And The Seven Dwarfs, 1937

Someday My Prince will Come

Snow White And The Seven Dwarfs, 1937
백설공주와 일곱 난쟁이

Larry Morey 작사
Frank Churchill 작곡

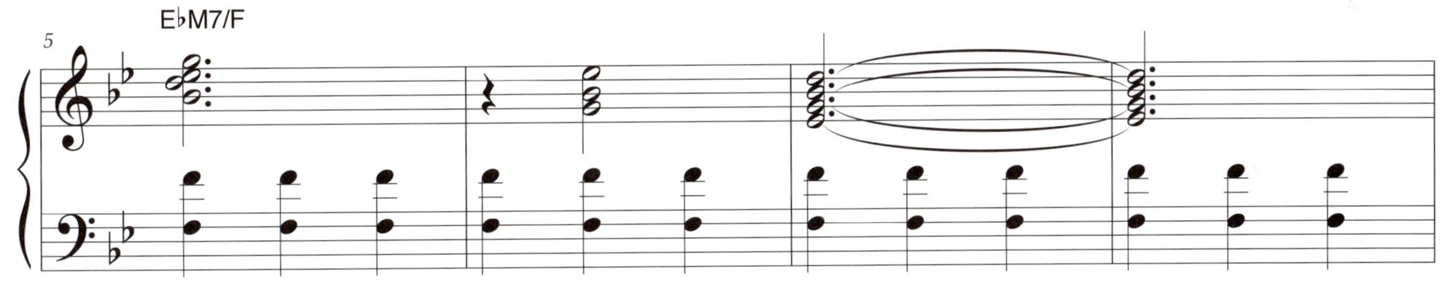

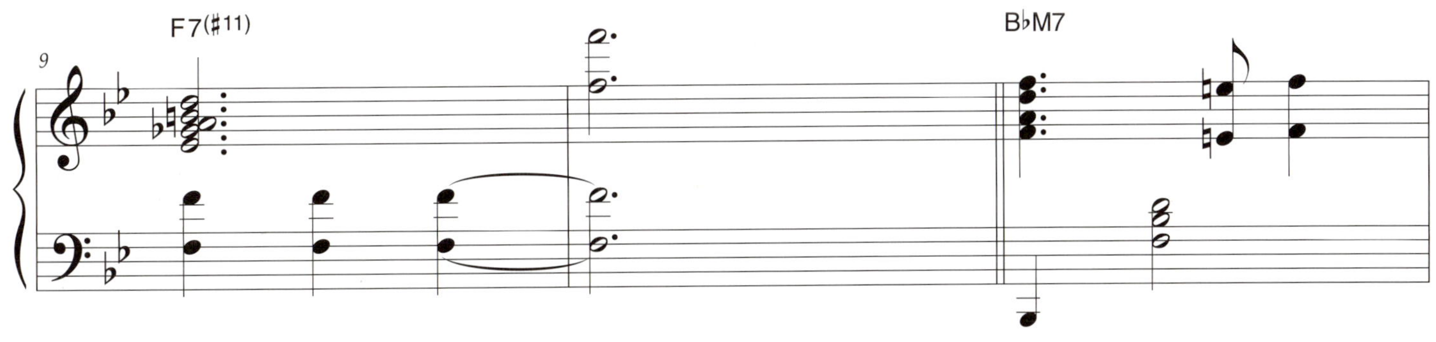

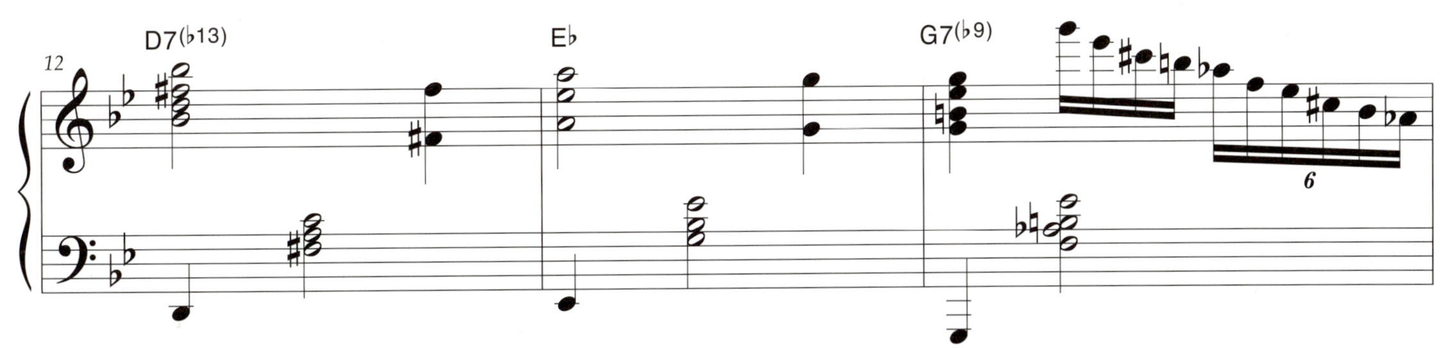

Cm7
G7(♭9)
Cm9
F   /E   /E♭
Dm7
C#dim7
Cm11
F7
Dm7
C#dim7
Cm11
F7(♭9)
B♭M7/F
B♭aug/F#
E♭/G
15
18
21
24
27
6
6

Eb/G   C/D   Cb/Db   Cm11   G7(b9)   Db7(#11)
Cm9   F7   Fm7
Bb9   8va   Eb6   Edim7
EbM7/F   F7(b9)   EbM7/F
F7(#9)   Bb   8va   rit.

Walt Disney's Pinocchio

피노키오
Pinocchio, 1940

When You Wish Upon A Star

Pinocchio, 1940
피노키오

Ned Washington 작사
Leigh Harline 작곡

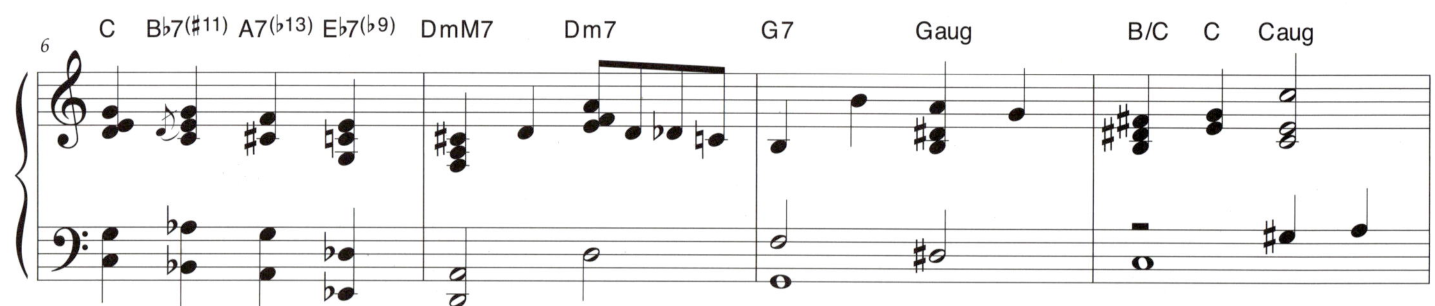

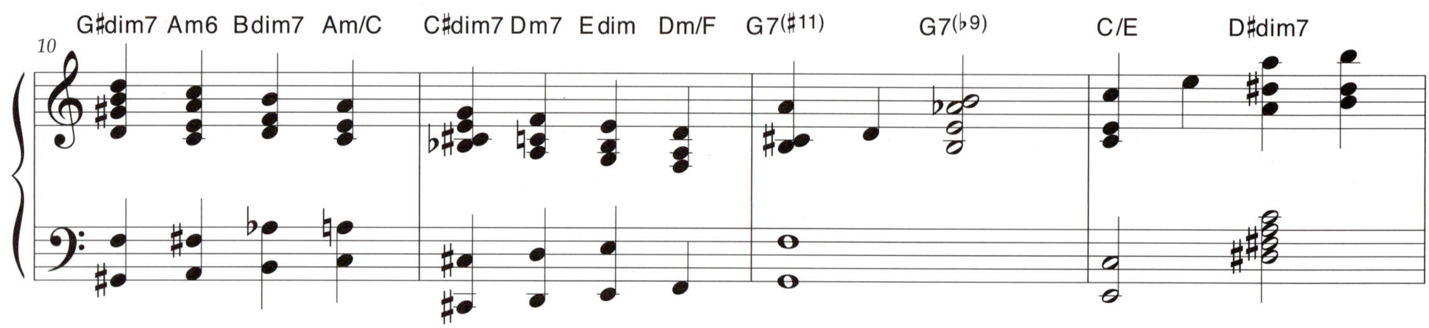

C/E
CM7 B/F# B7/D# C/E Fm6 C/G D/F# G7 C6
Dm/F FmM7 C/E D/F# FmM7 C/E
Am7 D7/F# Fm9 G7(♭9)
C/E A7(♭13)/E DmM7/F G7 B/C C C/E B7/D#
8va
Dm7(11) FM7/G G7(♭9) C6
rit.
8va
6

Cinderella

신데렐라
Cinderella, 1950

So, This Is Love

Cinderella, 1950
신데렐라

Al Hoffman·Jerry Livingston·Mack David 작사·작곡

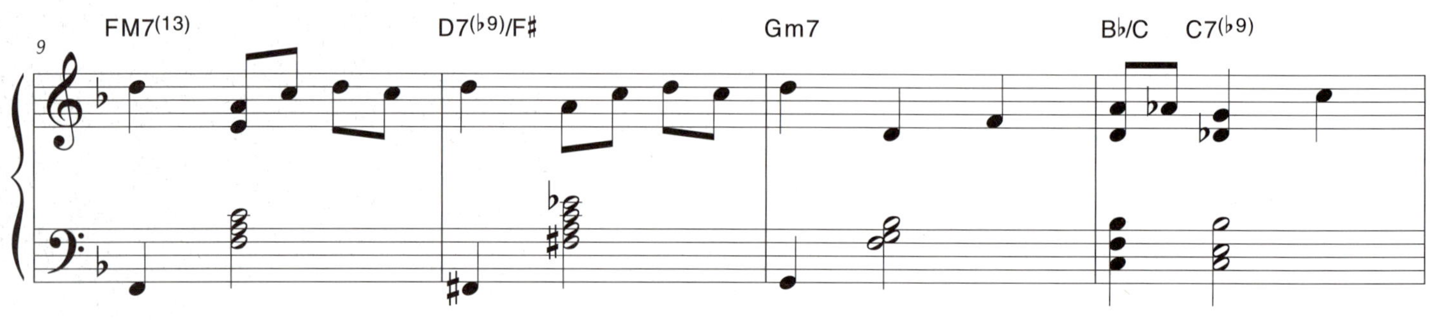

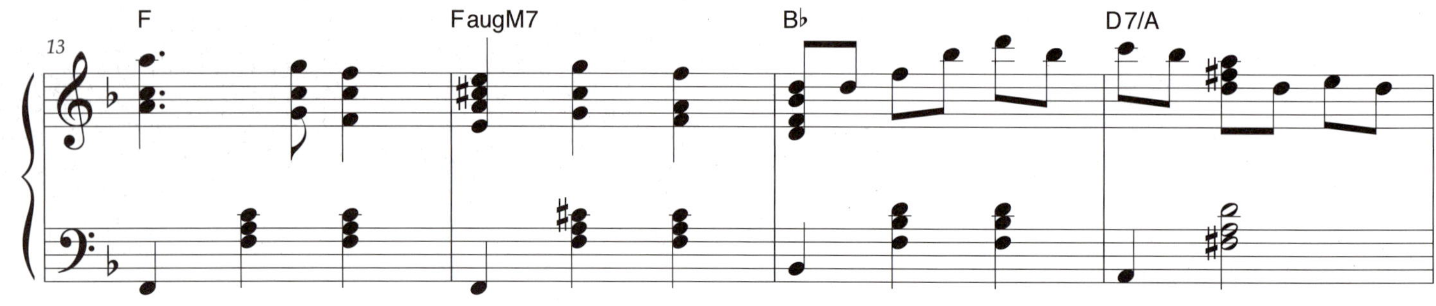

Gm7
D7(♭13)
Gm7
C7
Gm7(11)
C7
F
C7
8va
F6
D7/F♯
Gm9
C9
Cm7
F7
B♭M7
D/A
Gm7
C7
Am7
D7(♭13)
Gm7
Caug7
FM7
B♭/C   C7(♭9)/E
FM7(13)

Disney

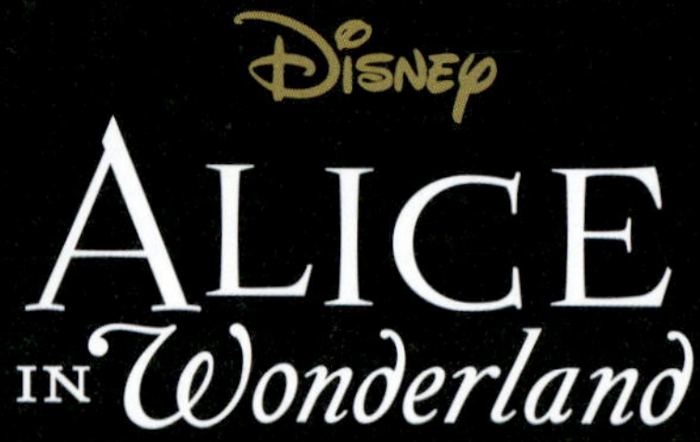

ALICE IN Wonderland

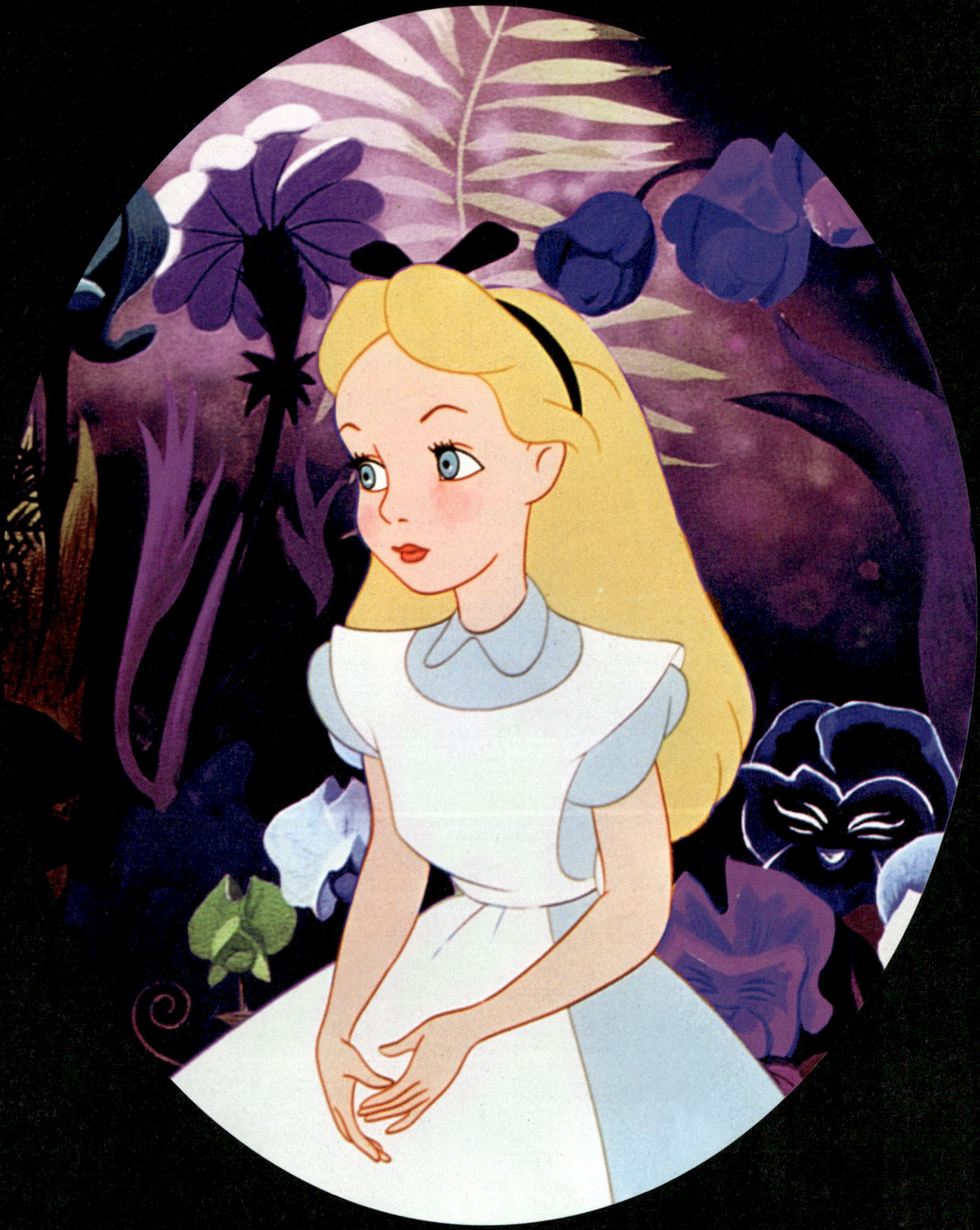

이상한 나라의 앨리스
Alice In Wonderland, 1951

All In The Golden Afternoon

Alice In Wonderland, 1951
이상한 나라의 앨리스

Bob Hilliard 작사
Sammy Fain 작곡

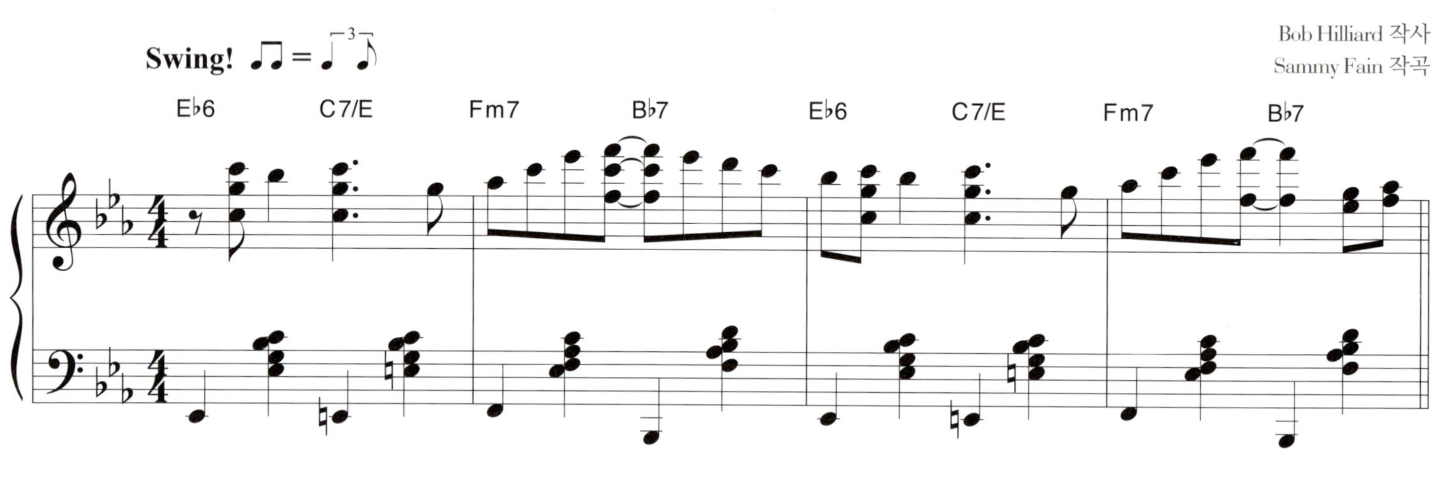

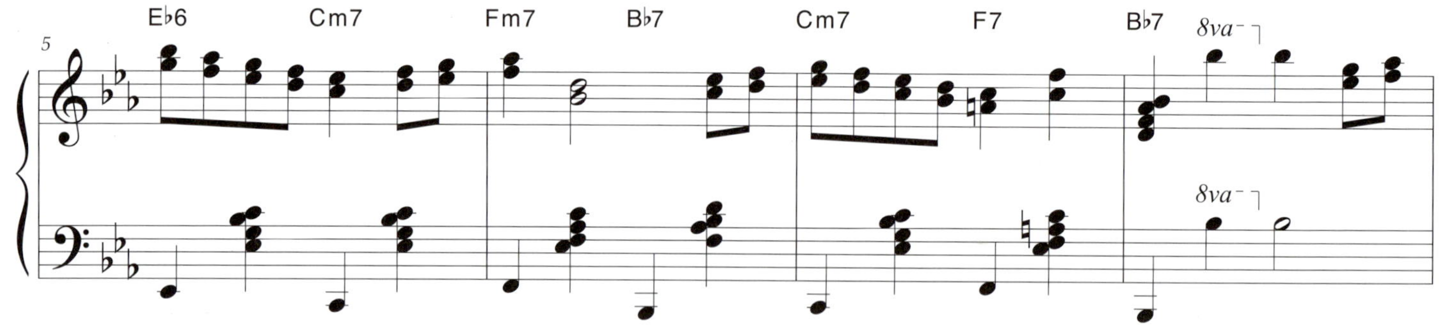

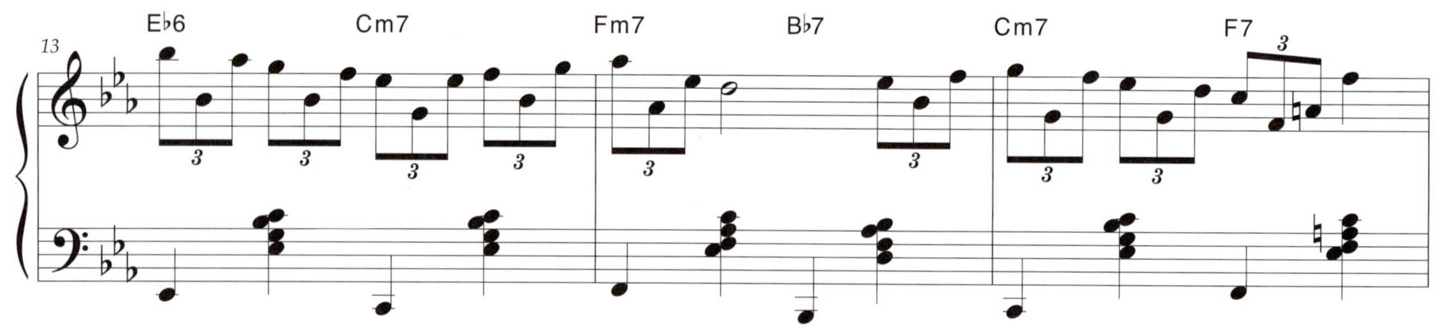

Disney Jazz • BEST DISNEY SONGS TO PLAY ON JAZZ PIANO 21

Disney
Sleeping Beauty

잠자는 숲속의 공주
Sleeping Beauty, 1959

Once Upon A Dream

Sleeping Beauty, 1959
잠자는 숲속의 공주

Jack Lawrence · Sammy Fain 작사 · 작곡

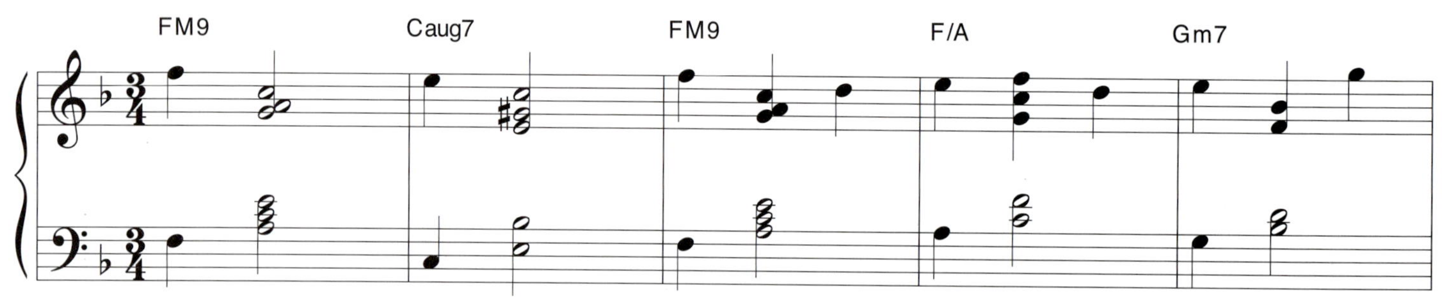

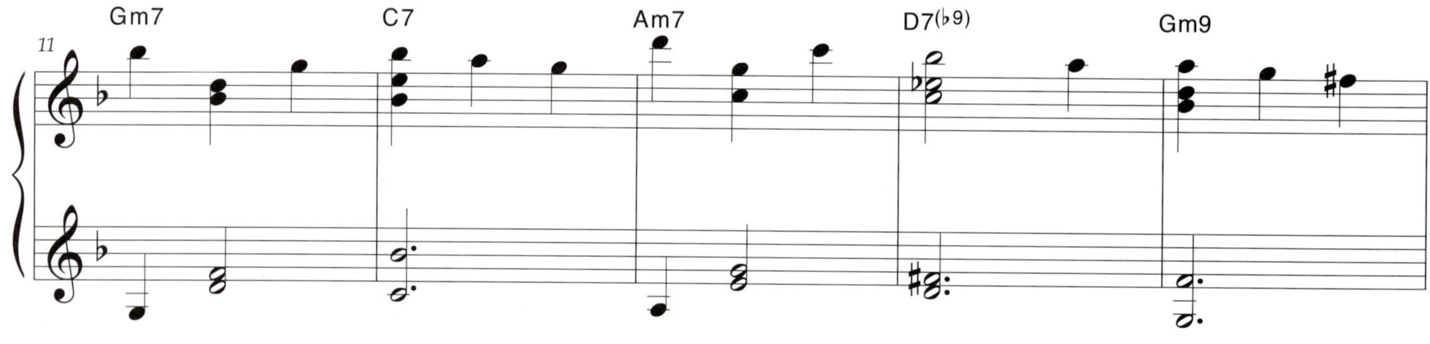

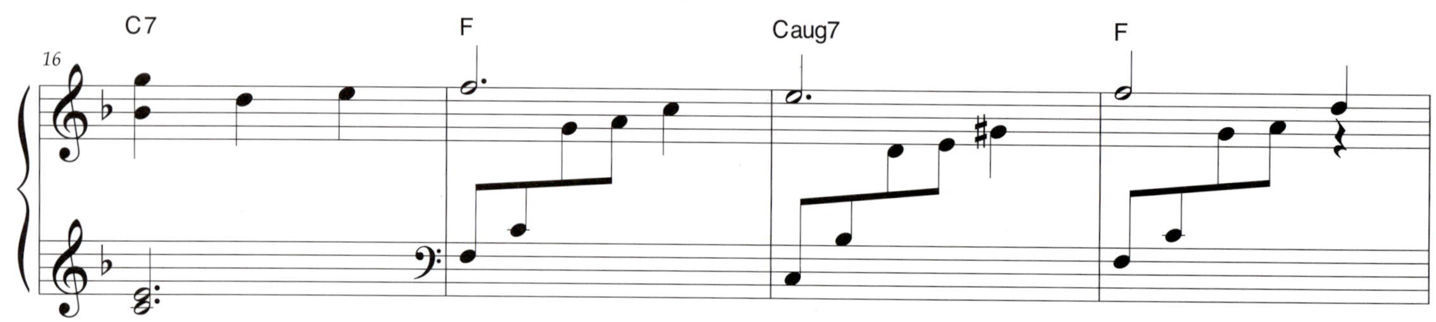

D/F#
Gm9
D/F#
Gm9
G#dim7
F/A
D7
Gm
E7(♭9)/G#
Am7
Am7(♭5)
D7(♭9)
Gm7
B♭/C
C7
F
Caug7
F
rit.

Disney

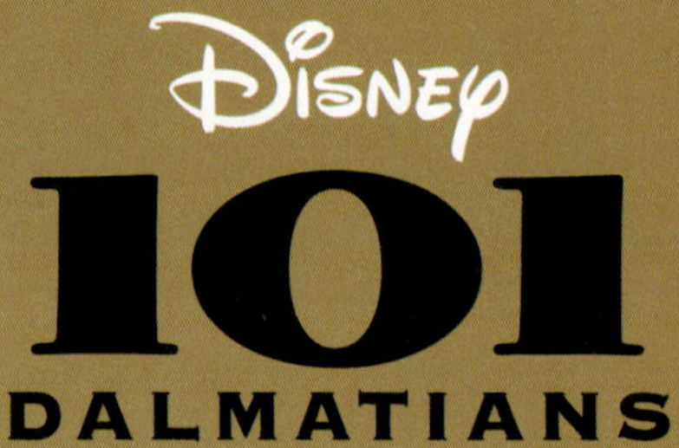

101 DALMATIANS

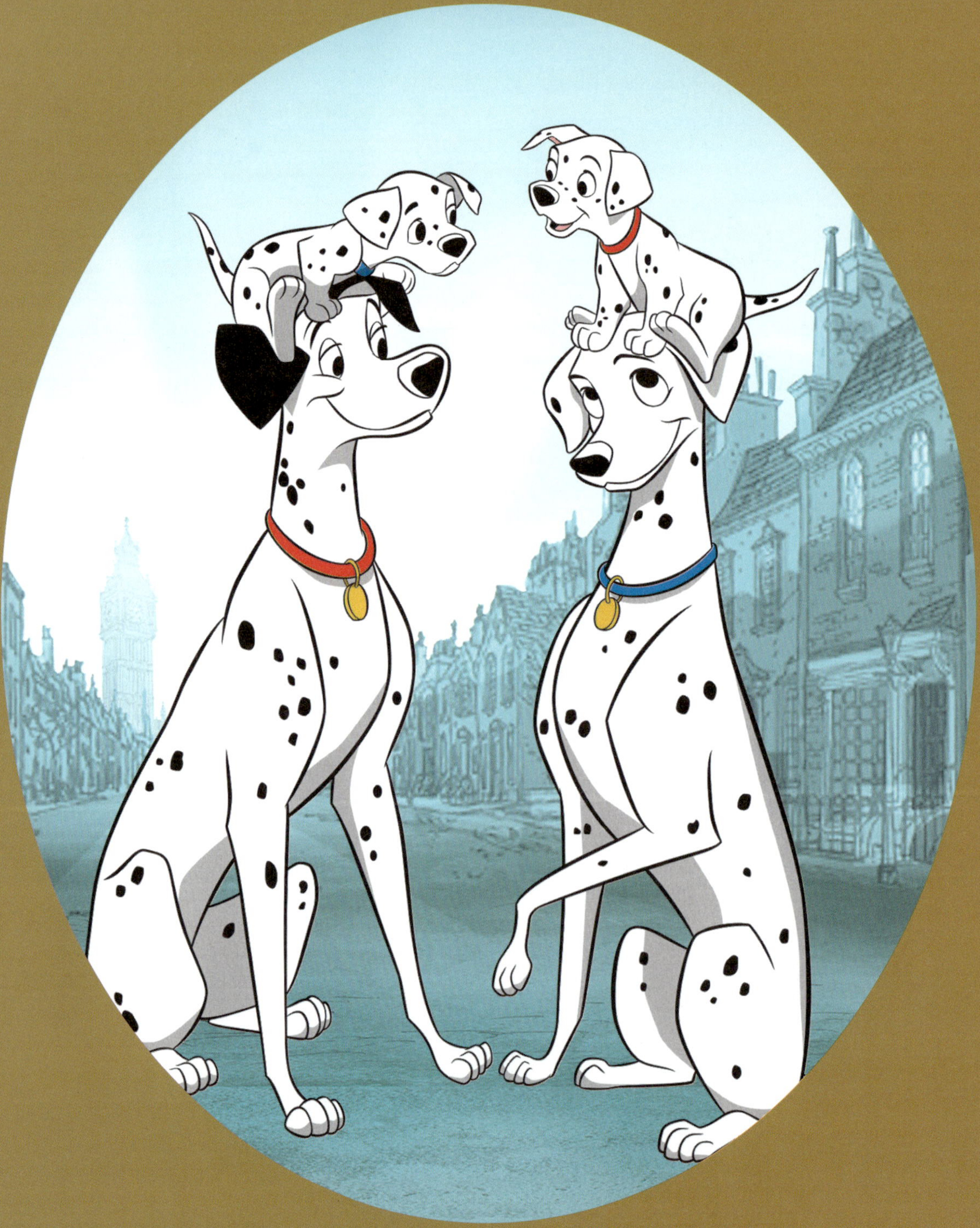

101마리의 달마시안 개
101 Dalmatians, 1961

Cruella De Vil

One Hundred And One Dalmatians, 1961
101마리의 달마시안 개

Mel Leven·Jack Feldman 작사·작곡

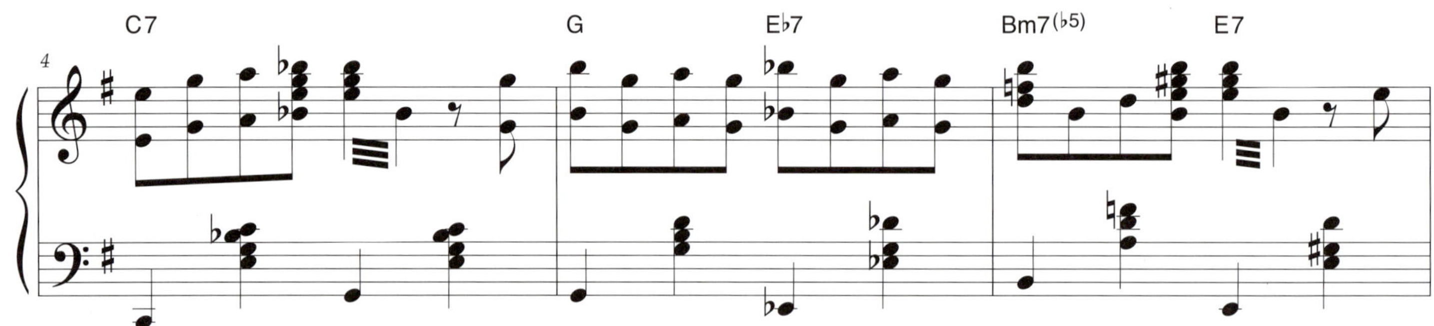

B7
Em
A9
A9
E♭7
D7
G7
C7
G7
C7
G7
E♭7
F7(♯11)
E7
A7(♭9)
D7(♭13)
G7
13
16
19
22
25
3
3
3
3
3

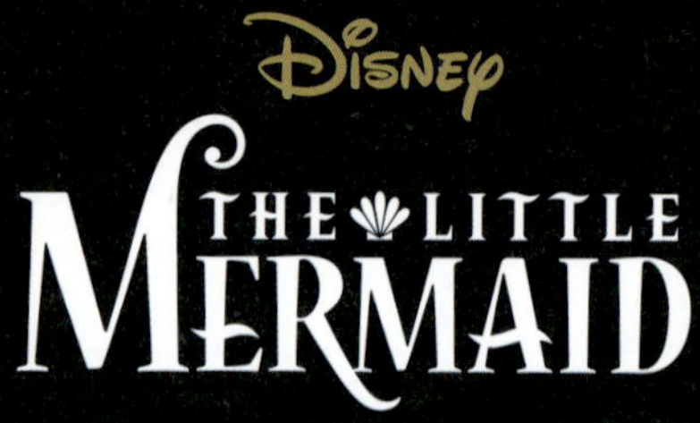

Disney
THE LITTLE MERMAID

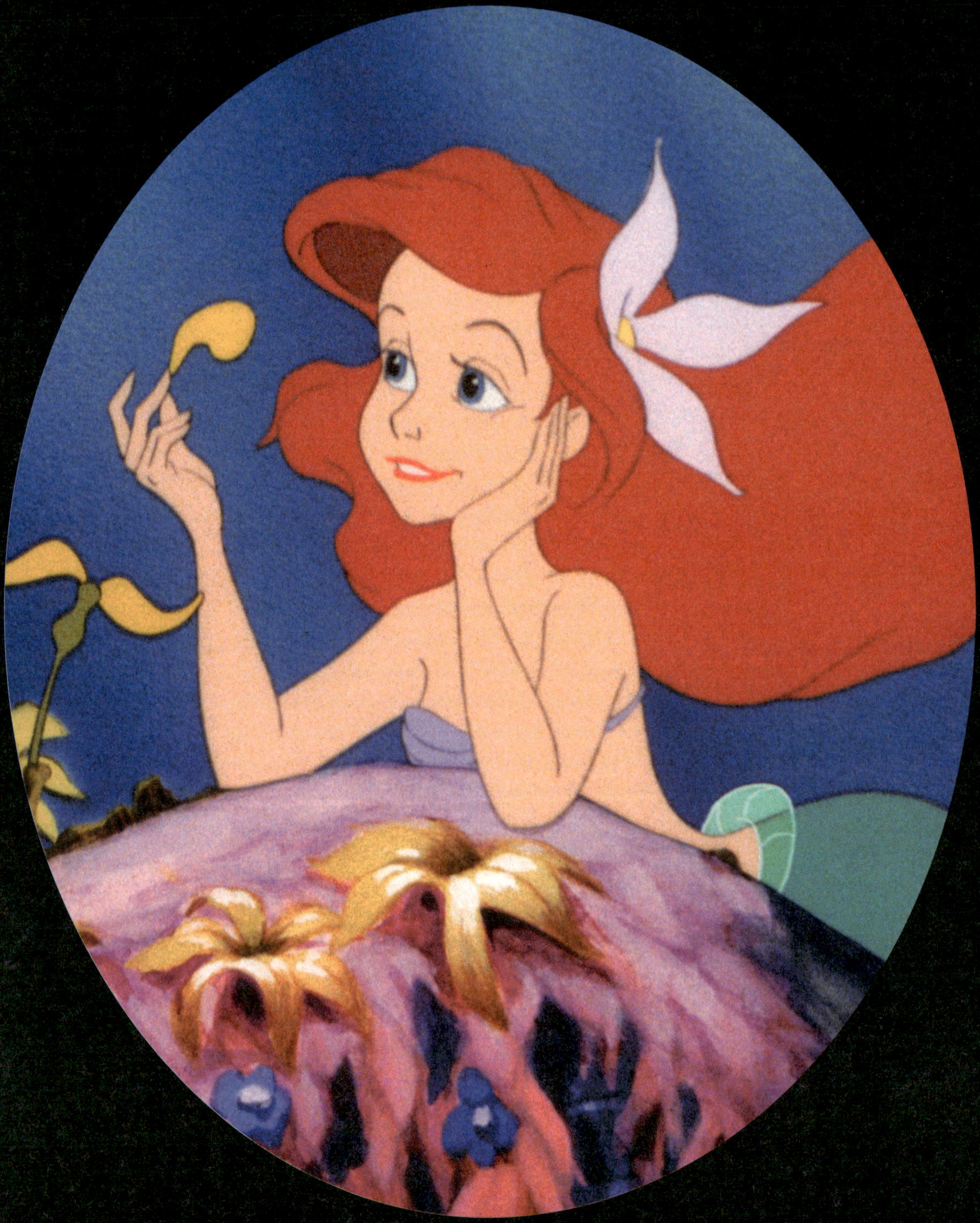

인어공주
The Little Mermaid, 1989

Under The Sea

The Little Mermaid, 1989
인어공주

Howard Ashman 작사
Alan Menken 작곡

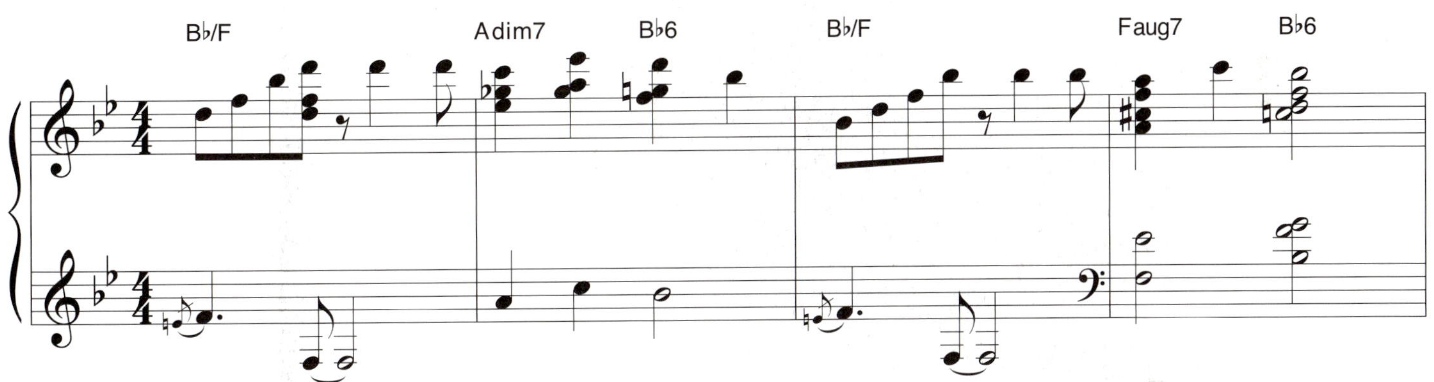

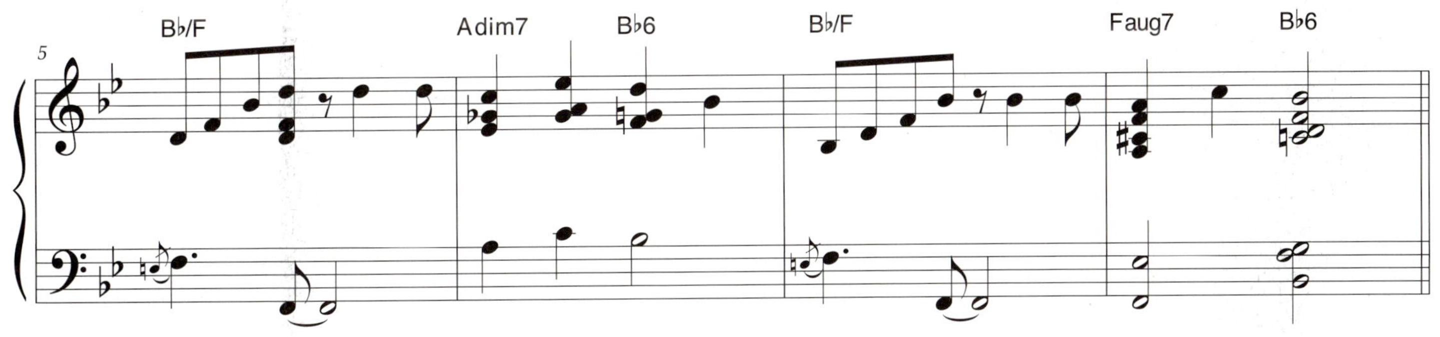

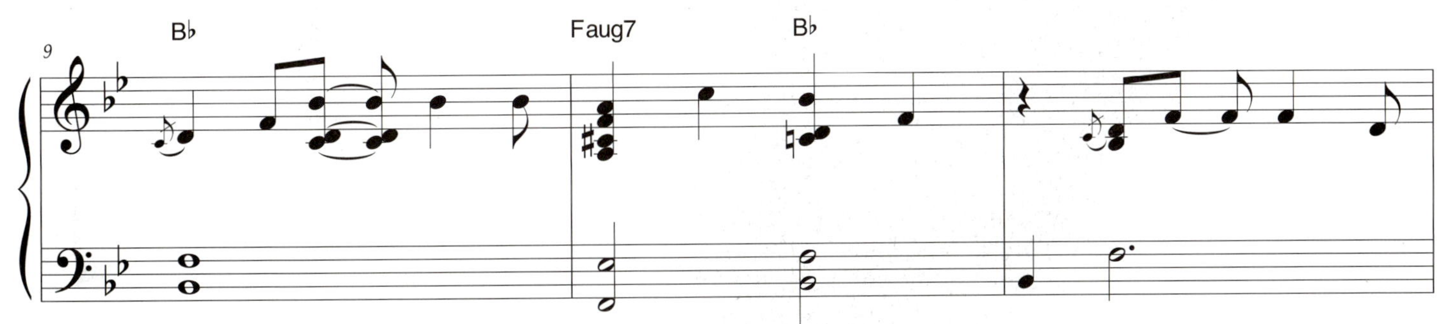

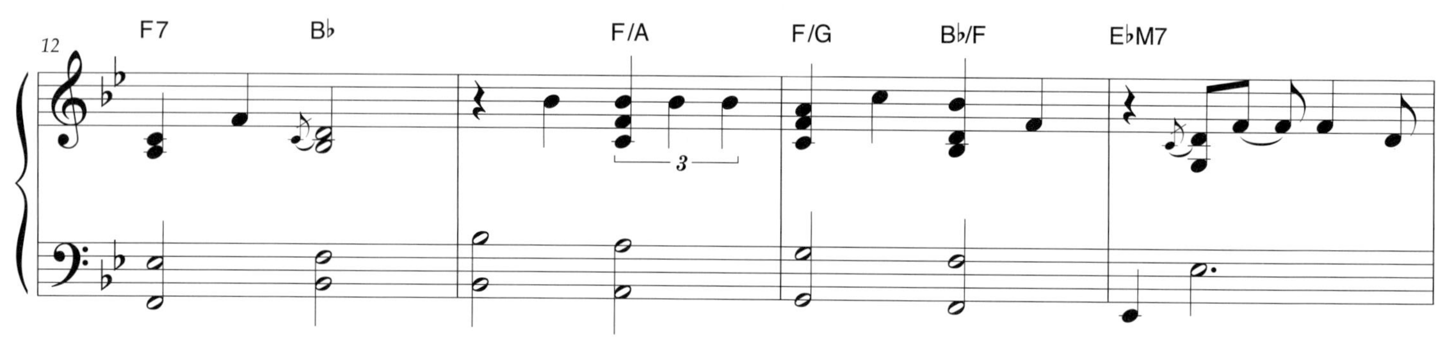

D7(b9)/F#
3
Gm
EbM7
F9
28

Bb
Eb
F
D7/F#
32

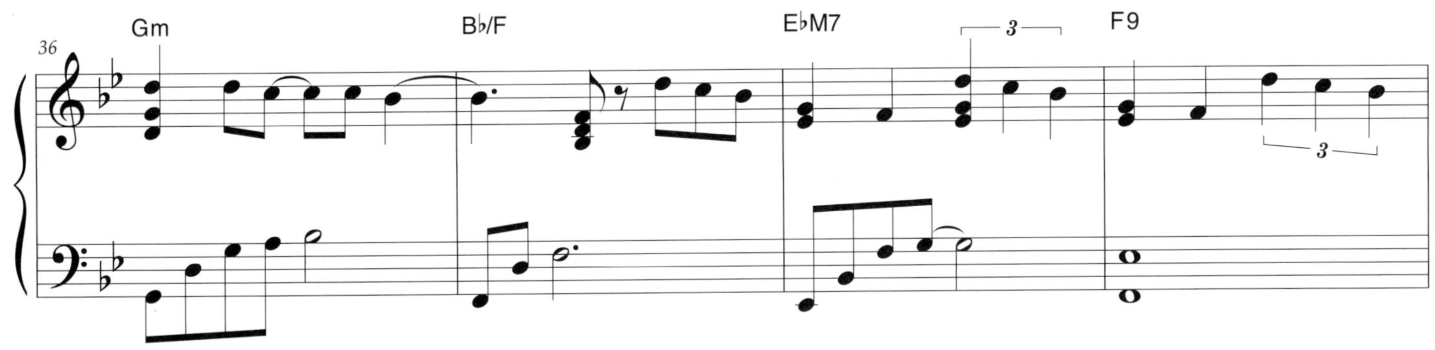

Gm
Bb/F
EbM7
3
F9
3
36

Bb
40

Part Of Your World

The Little Mermaid, 1989
인어공주

Howard Ashman 작사
Alan Menken 작곡

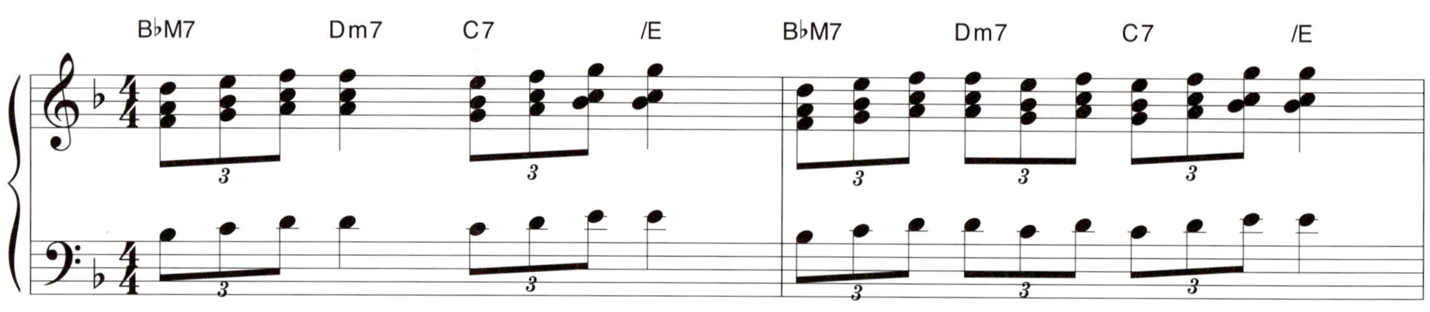

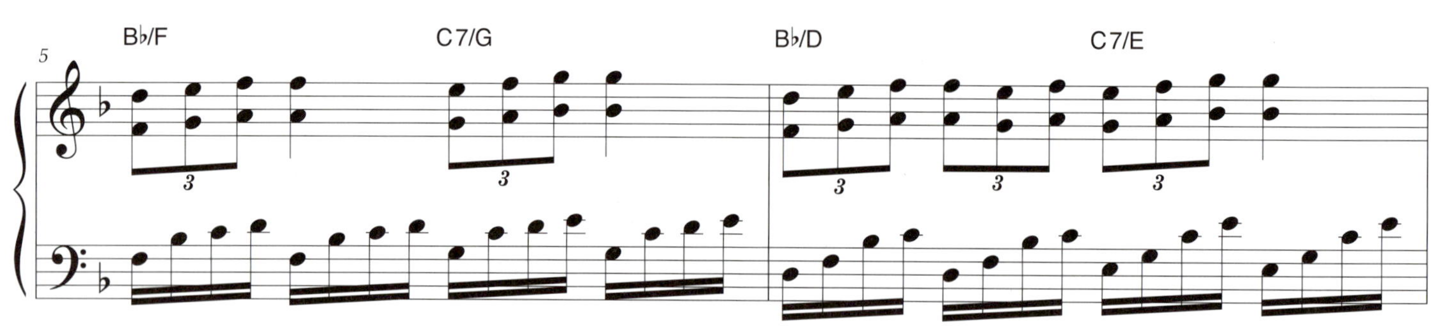

G/B   B♭mM7   Am7   Dm9   F/G   G7
Gm9   B♭/C   C7   Gm9
Csus4   C/E   F   /A
B♭   F/C   A7(♭13)/C♯   Dm9   F/C
Gm   C9/E   F   Faug

BbM7
BbmM7
C7sus4
C7
F
Bb
Bbm6
Am11
Dm9
Gm9
C7sus4
C7/E
Bb/F
F
Bm7(b5)
Bbm6
A7(13)
Eb7(#11)
Dm11
F/G
G7(13)

Gm7
8va
C9/E
5
6
6
3
F
Faug
B♭M7
B♭mM7
3
3
3
3
C7sus4
C7
3
3
D♭
E♭
F
8vb

Disney
Beauty and the Beast

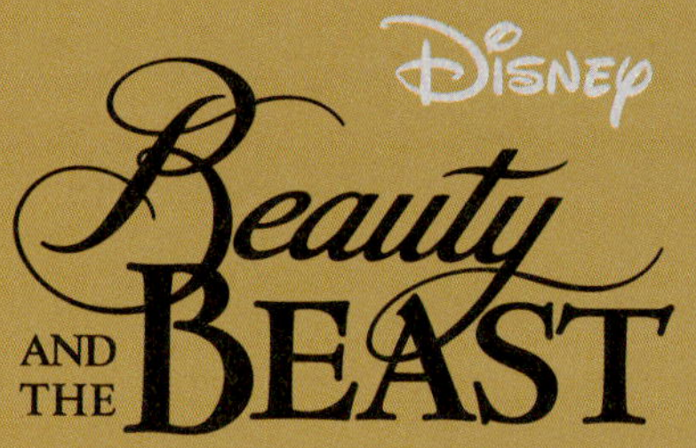

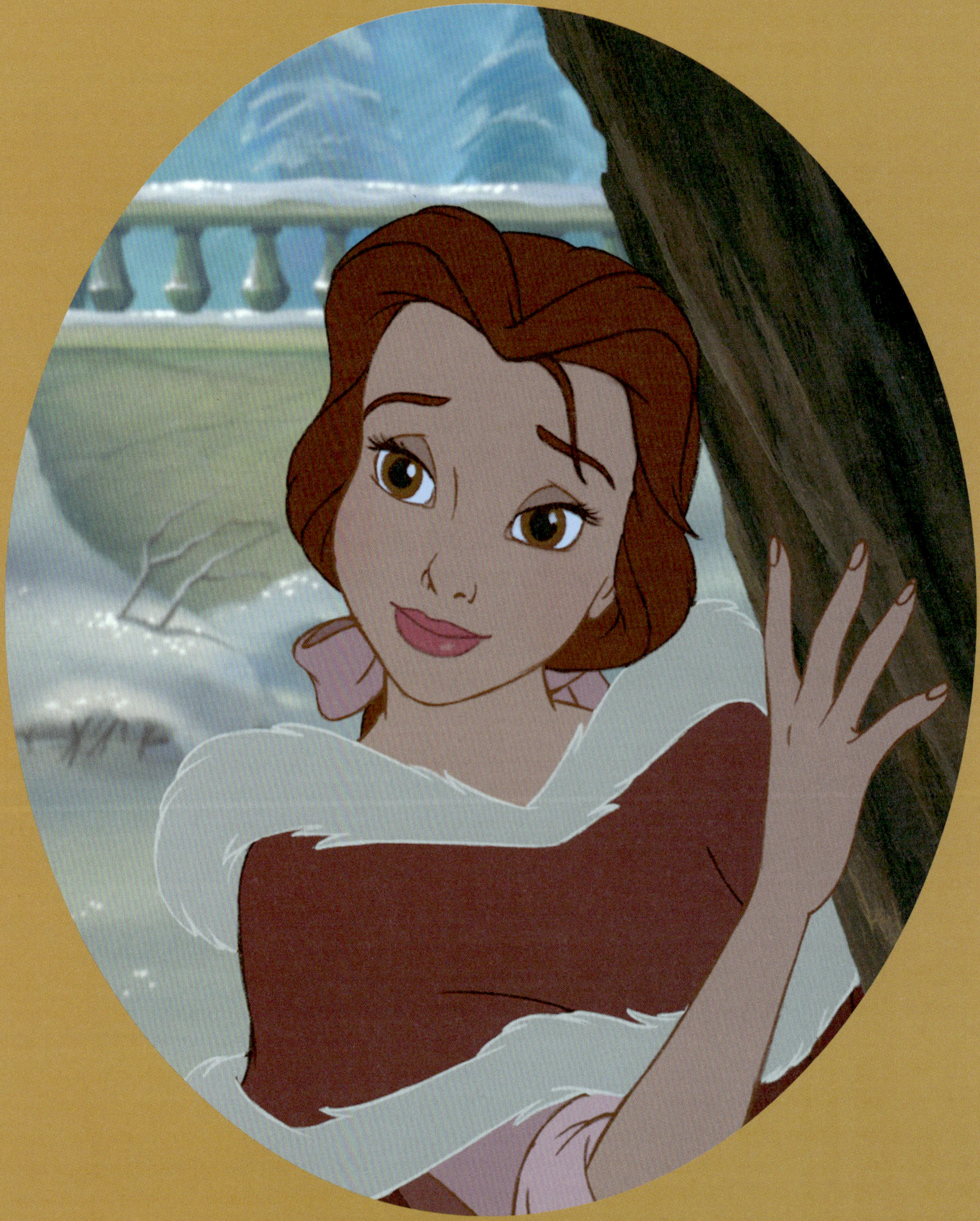

미녀와 야수
Beauty And The Beast, 1991

Beauty And The Beast

Beauty And The Beast, 1991
미녀와 야수

Howard Ashman 작사
Alan Menken 작곡

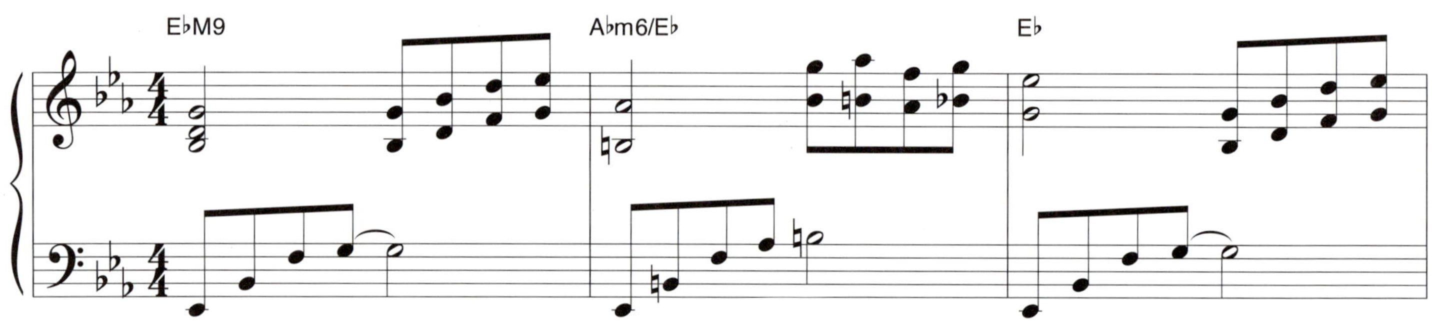

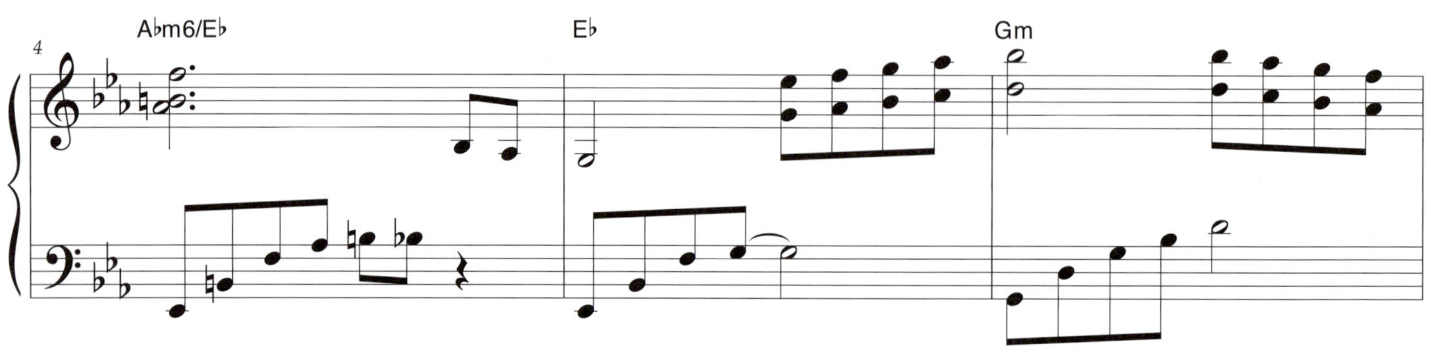

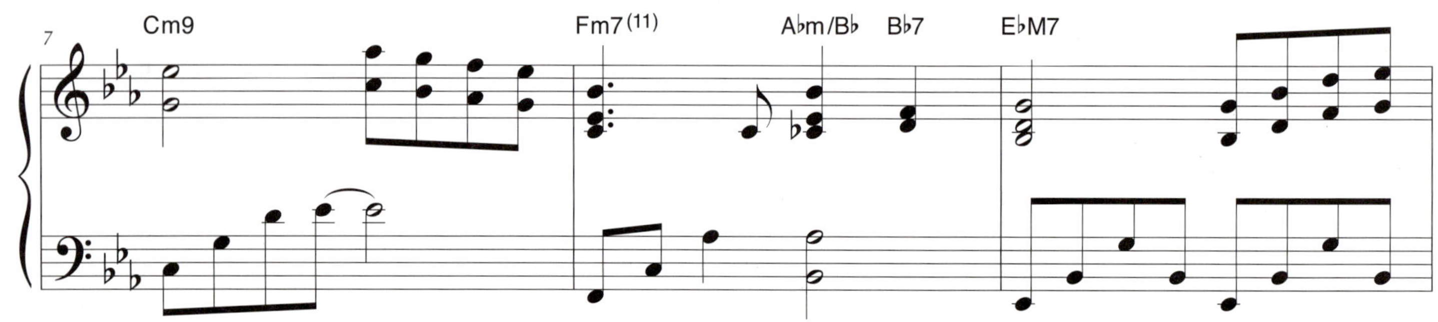

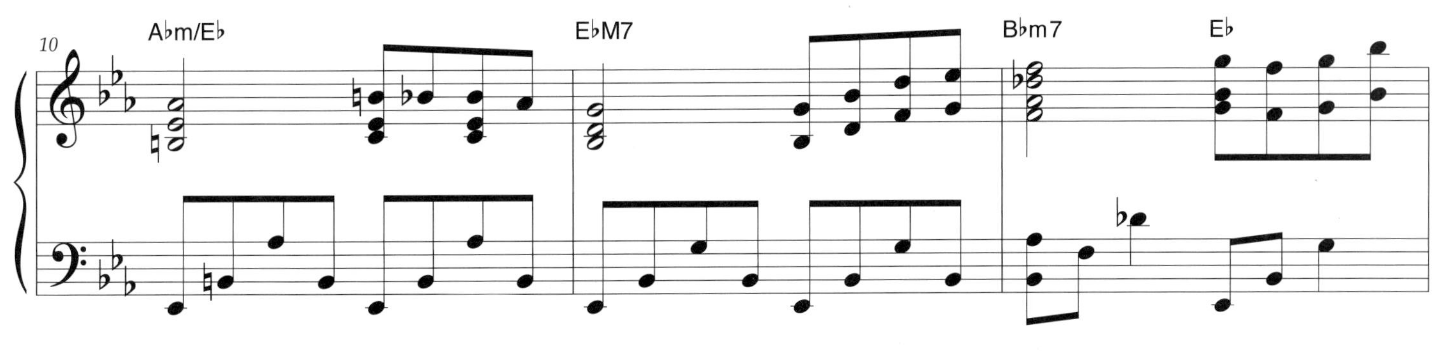

10
A♭m/E♭
E♭M7
B♭m7
E♭

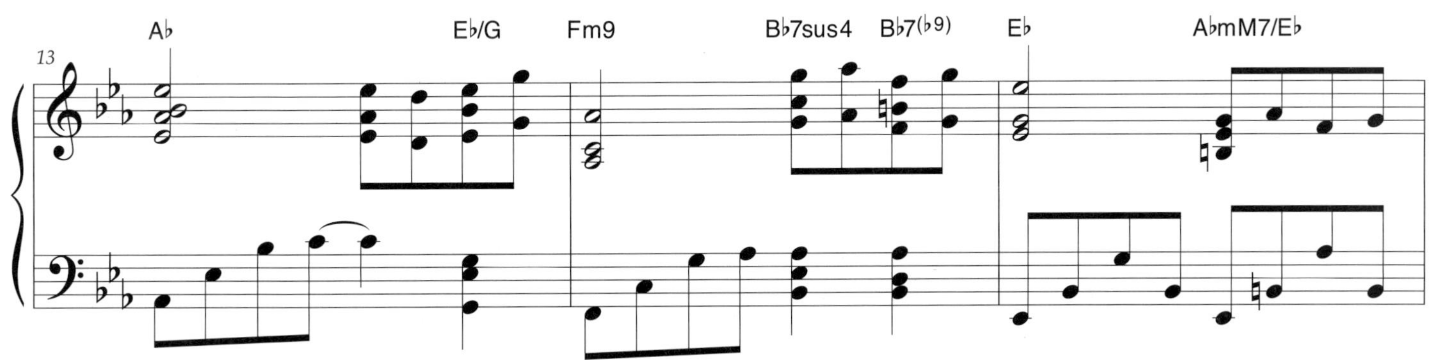

13
A♭
E♭/G
Fm9
B♭7sus4
B♭7(♭9)
E♭
A♭mM7/E♭

16
E♭
Gm7
Cm7

Gm7
Cm7
Gm9
Cm9
D♭
E♭
FM7
B♭m/F
FM7
B♭m6/F
F
Am7
Dm

C7sus4
Bb/C
C
F
Bbm6/F
F
Cm7
F7
Bb
F/A
Gm9
C7sus4
C7
F
C7/E
Dm9
Gm9
Bb/C
C7
F
Bbm6/F
F

Aladdin

알라딘
Aladdin, 1992

A Whole New World

Aladdin, 1992
알라딘

Tim Rice 작사
Alan Menken 작곡

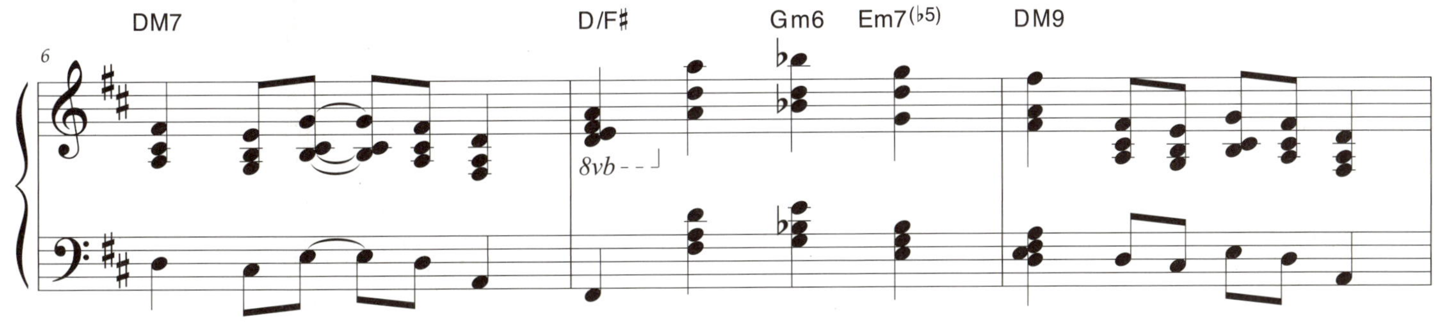

G
D
A7(#11)
DM7
D/F#
Gm6
Em7(b5)
D
Bm7
A/C#
C#m7(b5)
Gaug7
F#7(b9)
C7(#11)
Bm11
DM7/A
G
A7
D
Bm7/A
A7(#11)
DM7/A
C#m7(b5)
F#7(b9)
Bm9
Bbm9
Am9
C/D
GM7(#11)
D/F#
12
15
18
21
24
8vb
3

GM7(#11)   D/F#   Bm9   E7   G/A
Bm7/A   A7(#11)   DM7/A   G/A   C#m7(b5)   F#7(b9)   C7(#11)   Bm9
Bm9   Bbm7 Am7   C/D   GM7(#11)   D/F#   GM7(#11)   D/F#
Bm9   E7   C   G/A   A   D
Gm6   Em7(b5)   D

Speechless

Aladdin
알라딘

Benj Pasek · Justin Paul 작사
Alan Menken 작곡

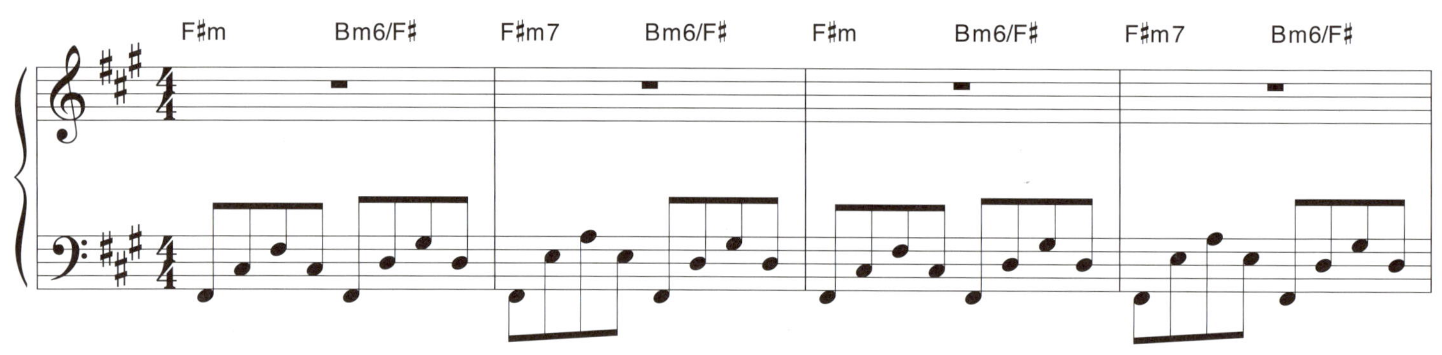

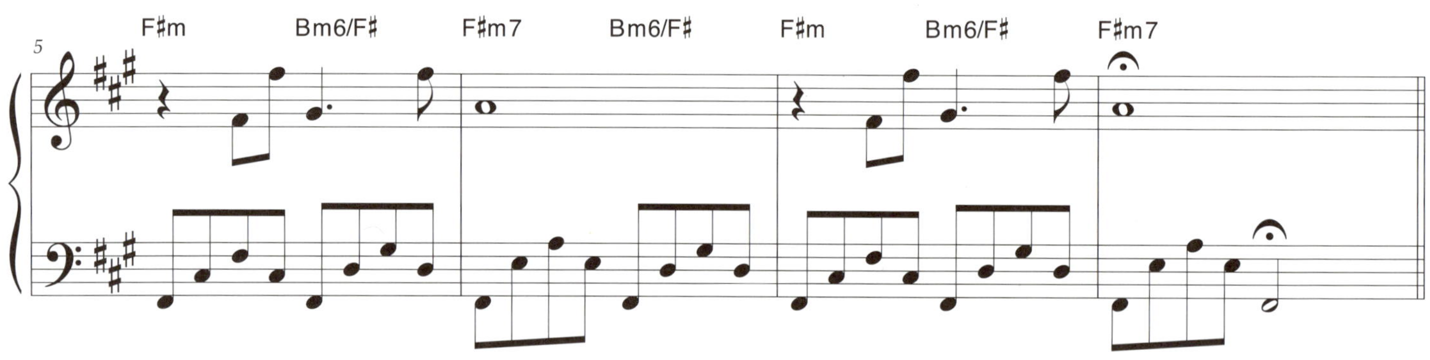

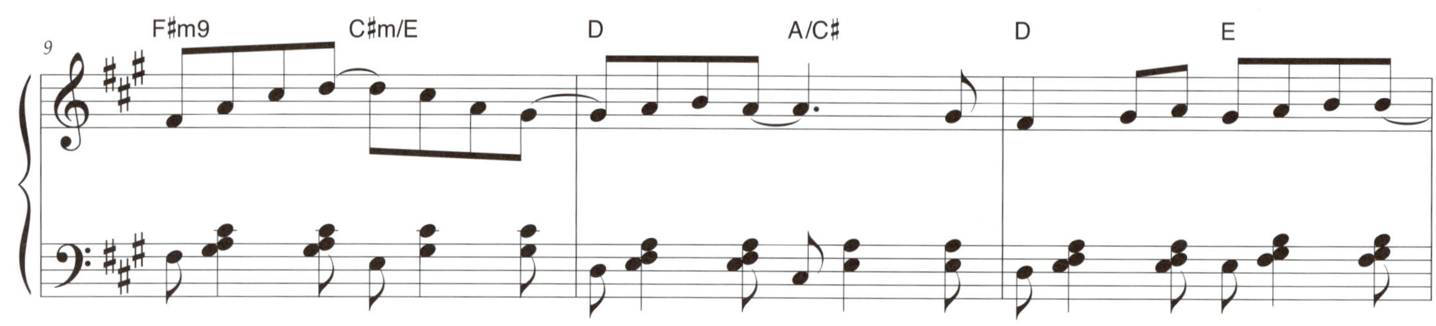

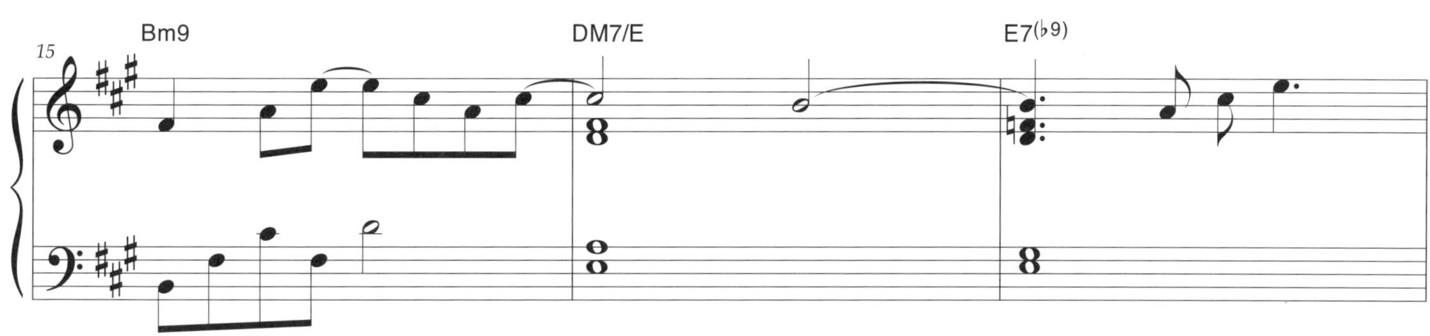
15
Bm9
DM7/E
E7(♭9)

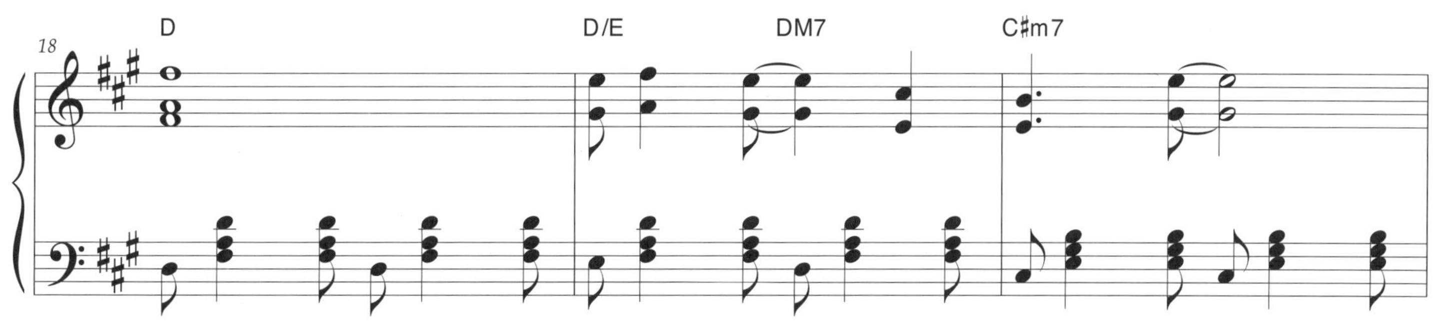
18
D
D/E
DM7
C#m7

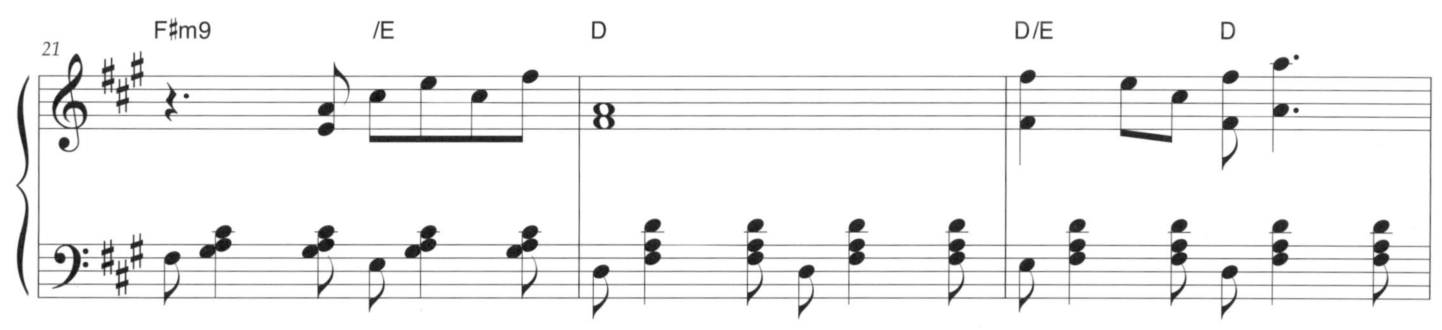
21
F#m9
/E
D
D/E
D

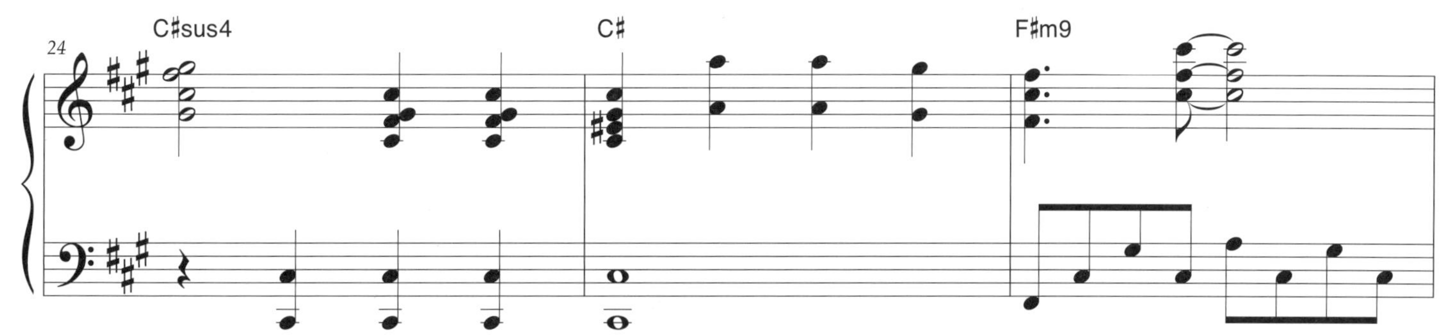
24
C#sus4
C#
F#m9

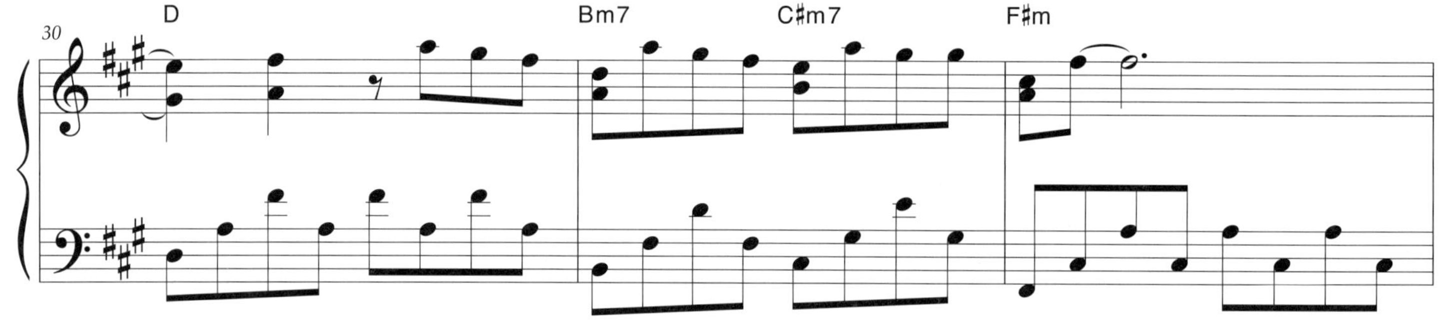
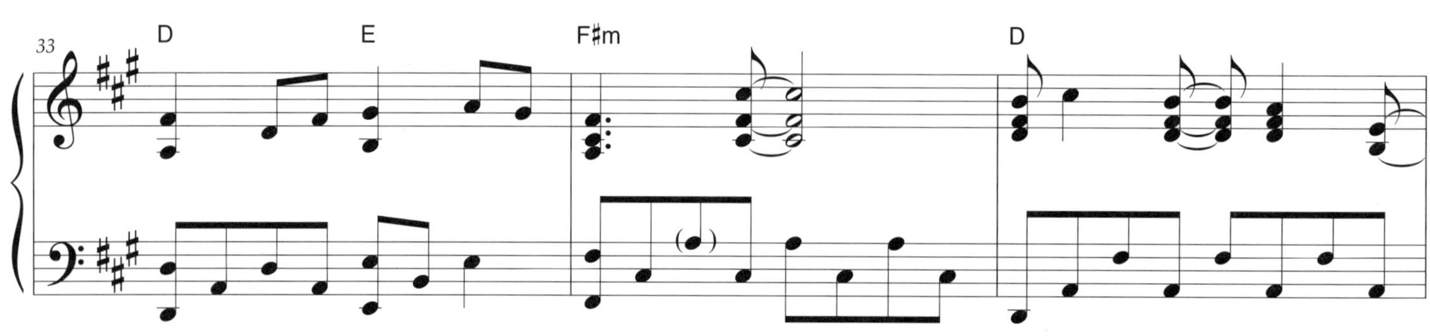
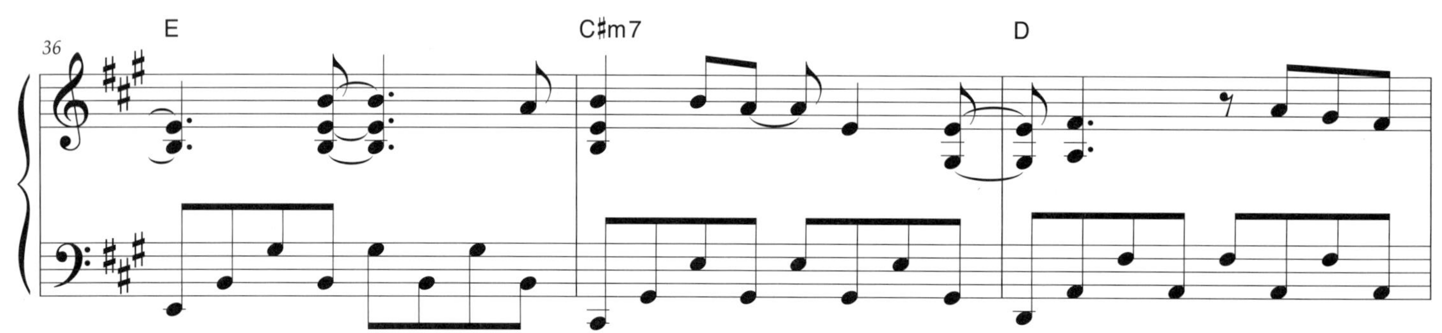

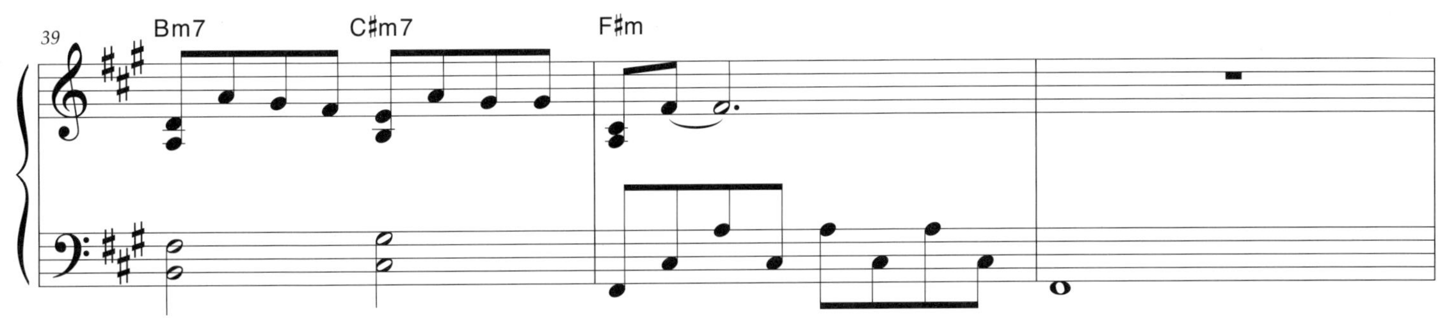

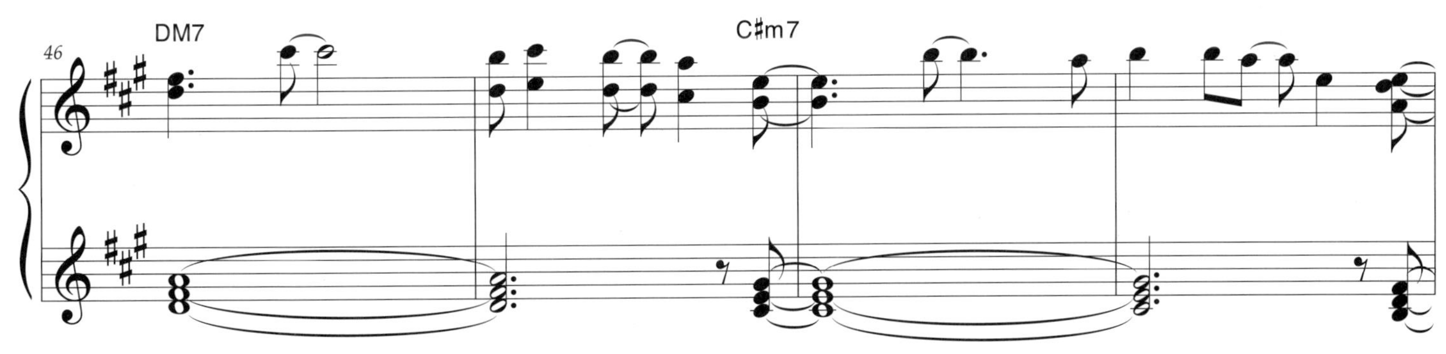
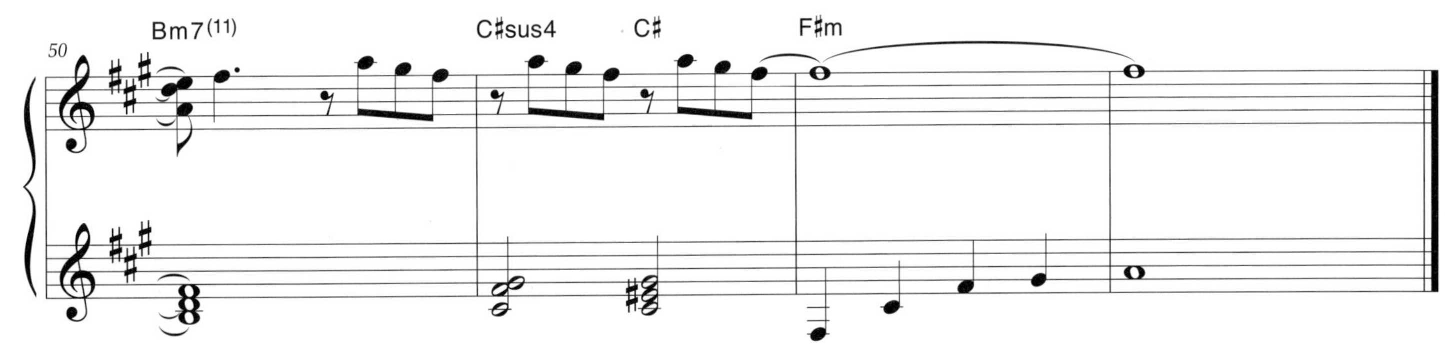

라이온 킹
The Lion King, 1994

Can You Feel The Love Tonight

The Lion King, 1994
라이온 킹

Tim Rice 작사
Elton John 작곡

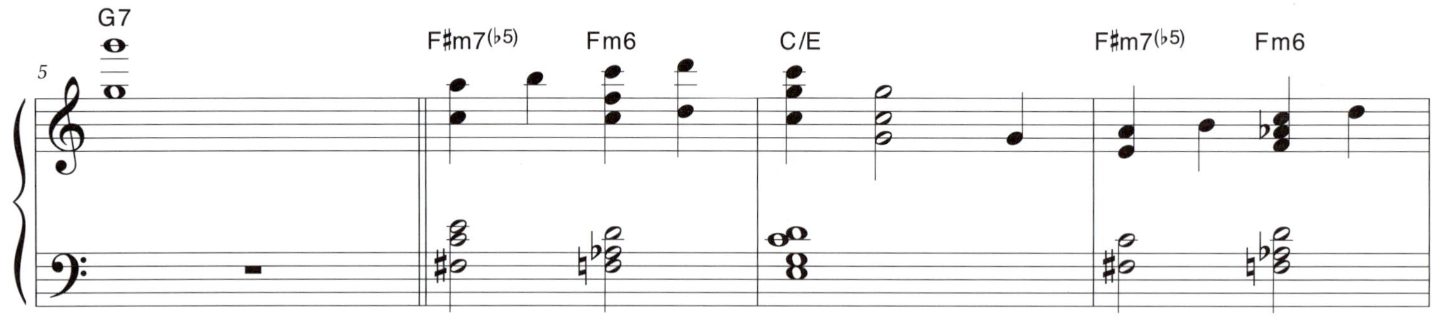

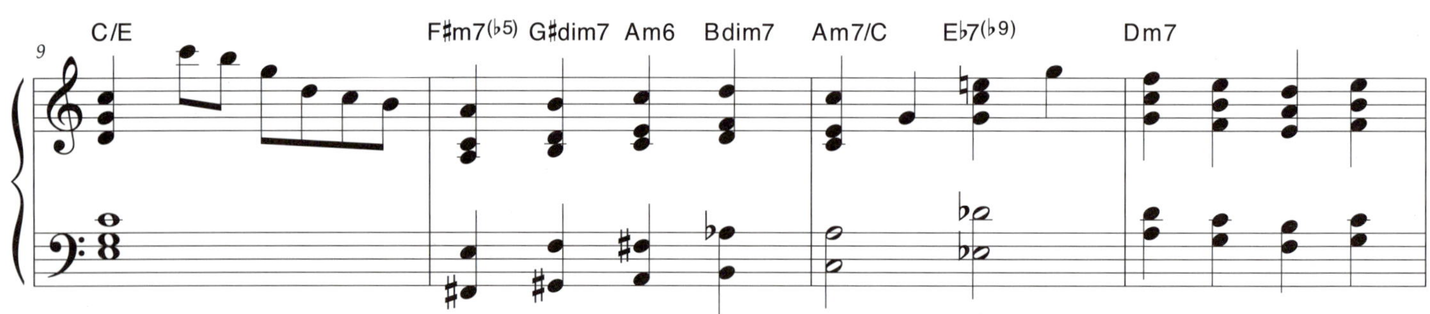

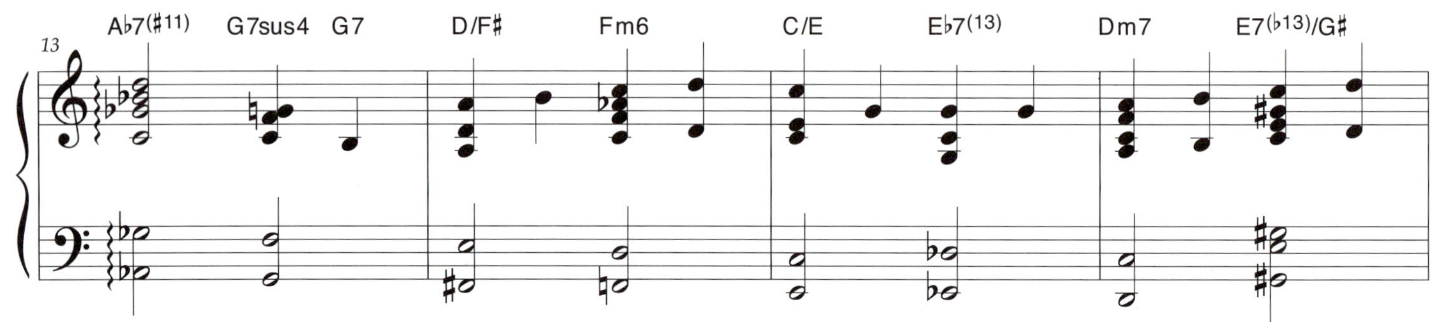

Am9
F#m7(b5) G7 AbaugM7 Bb7(#11) Am7 Eb13 DmM7 Dm7
Fm6/G G C/E G#dim7 Am9
D/F# C/G Db6/F C6/E Ab7(#11)
G7sus4 G7 B7 Bb7(13) Am7 C/E G#dim7 Am9
Am9 /G Dm C/E Dm/F F#m7(b5) G9

G   Am   G7/B   C   G/B   Am9
F   Em   Dm   C   B♭   Gsus4
G   Am   G/B   F   C/E   B♭7(♯11)   Am7   E7(♭9)/G♯   Am7/G
Fm   Fm6/G   C   A7(♭13)   Dm   C/E
Dm/F   Fm/G   C
37
41
45
50
55

Hakuna Matata

The Lion King, 1994
라이온 킹

Tim Rice 작사
Elton John 작곡

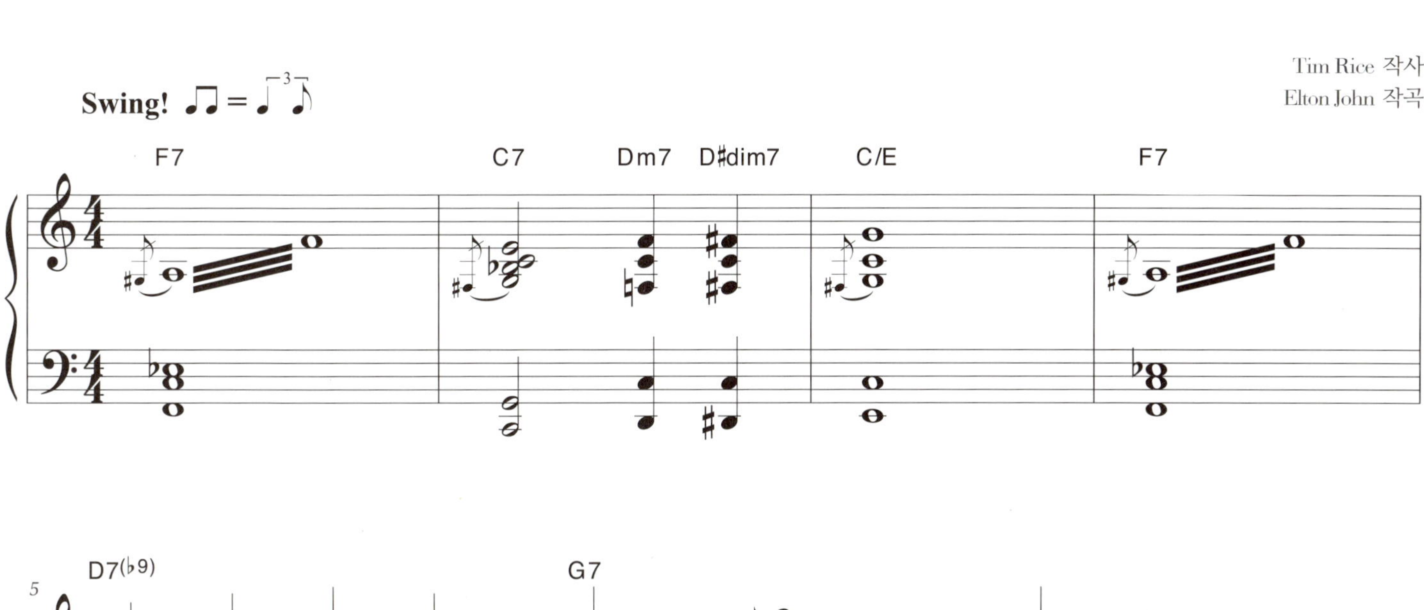

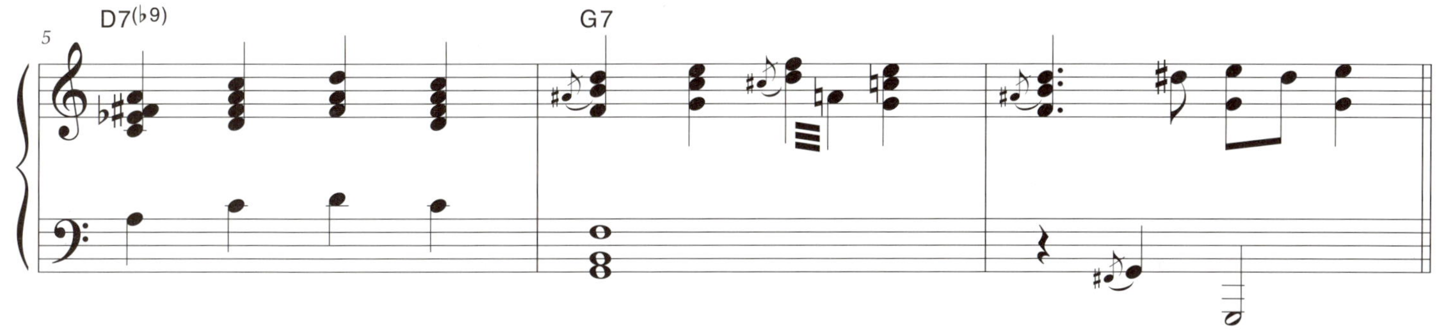

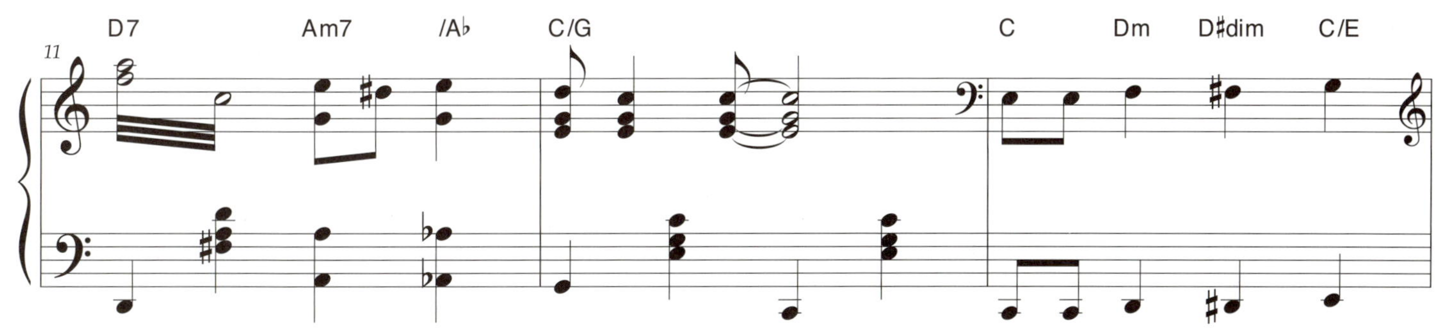

G7(13)
G7(♭13)
C7
C7
Dm7
D♯dim7
C/E
E♭7
F7
C
F7
F7
C7
G7(♭13)
FM7
F7(13)
C7

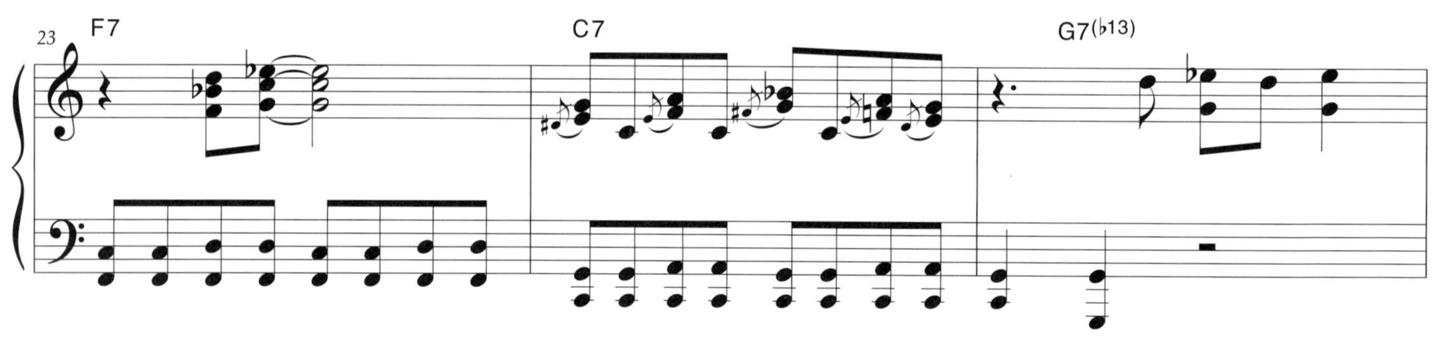

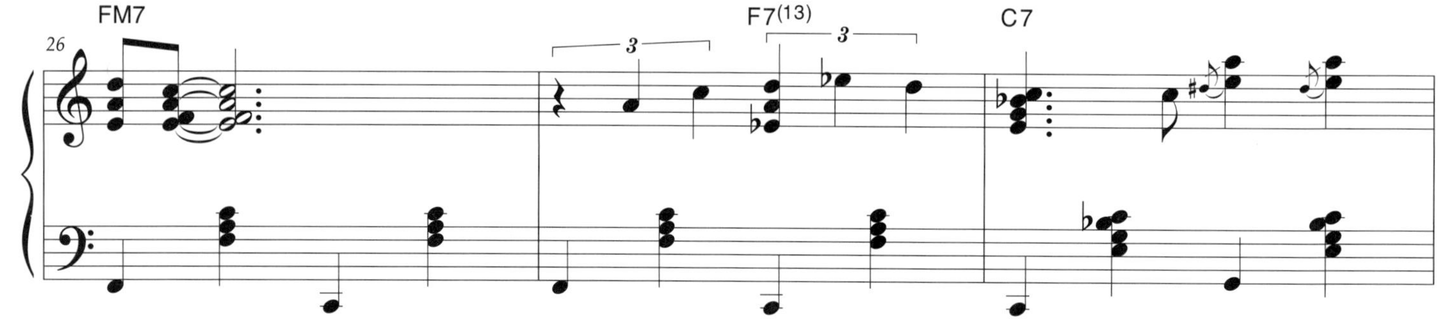

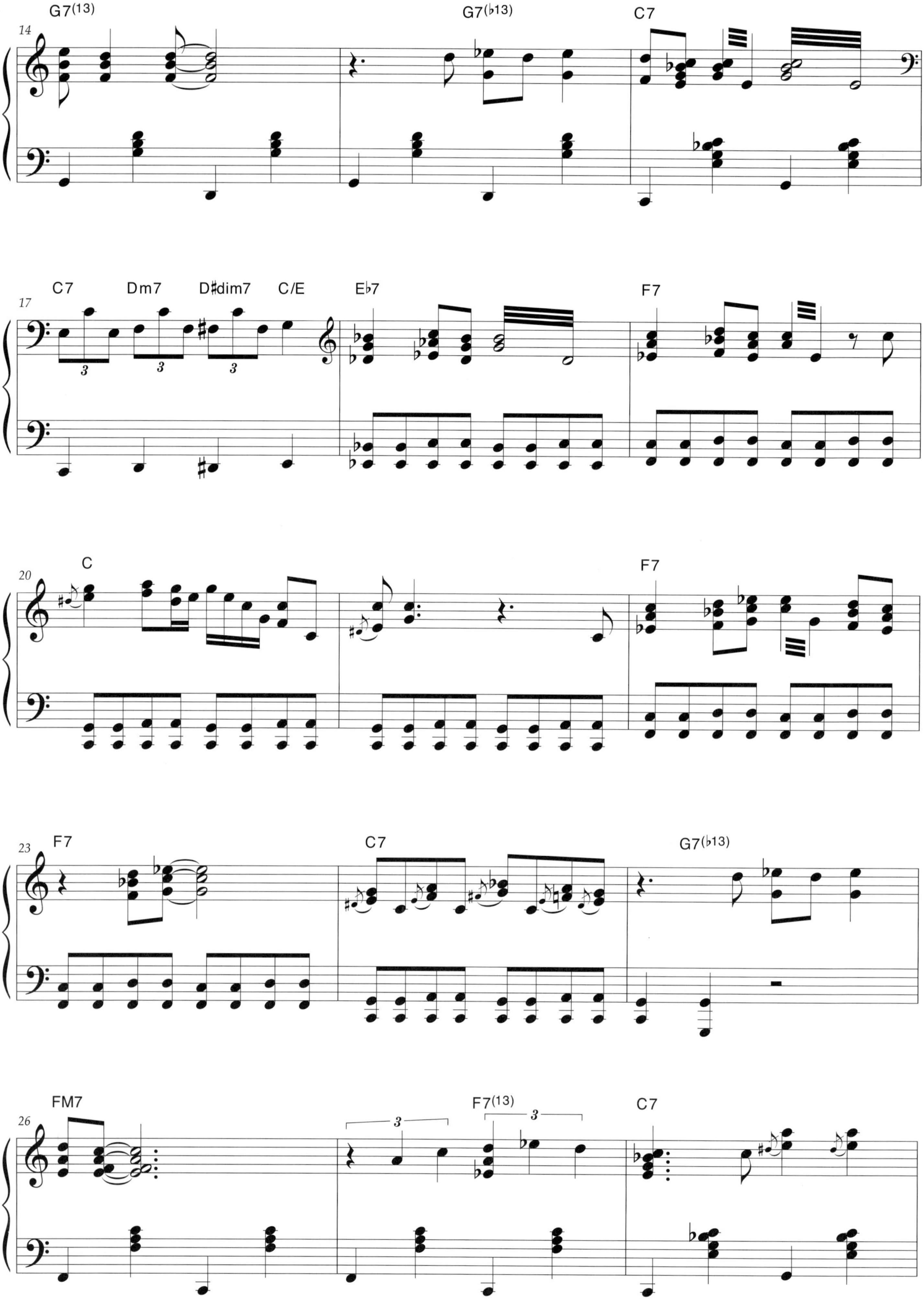

C7
C7(#9)
F7(13)
D9
D7(b9)
G7
Am7
Bm7(b5)
E7(b13)
Am
Gm9
Caug7
D/F#
Fm6
C/G
G7
C/G
Dm7
G7(b9)
C

Pocahontas

포카혼타스
Pocahontas, 1995

Colors Of The Wind

Pocahontas, 1995
포카혼타스

Steve Schwartz 작사
Alan Menken 작곡

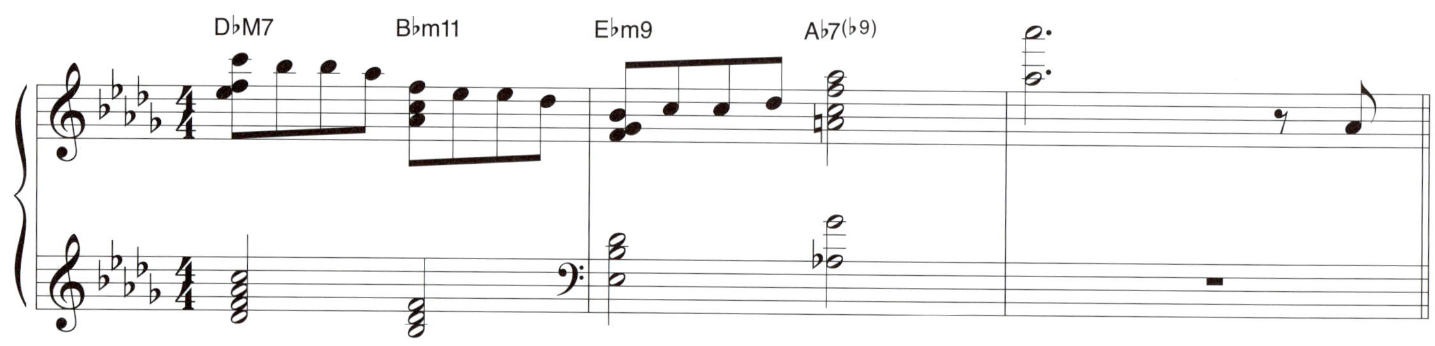

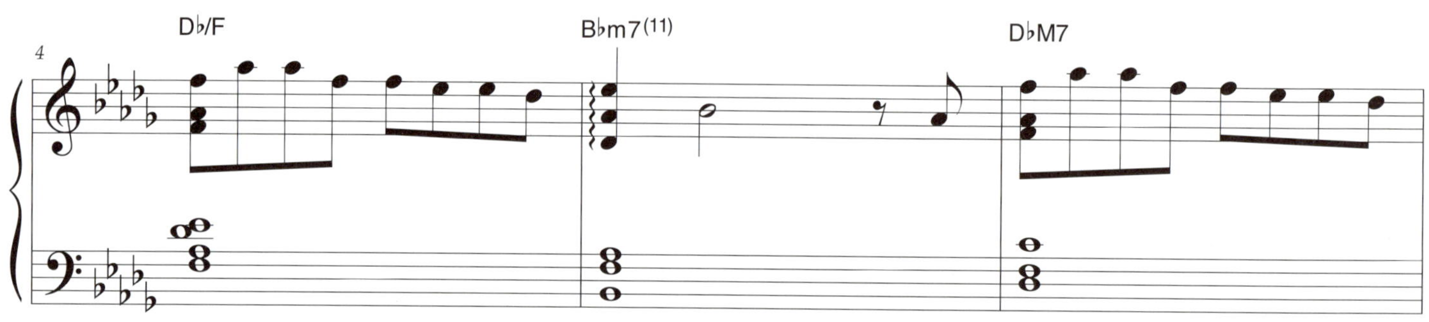

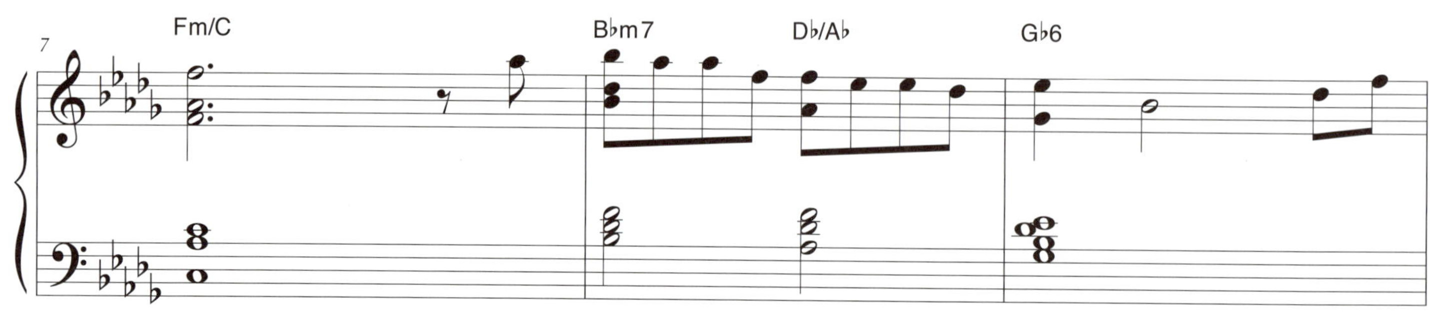

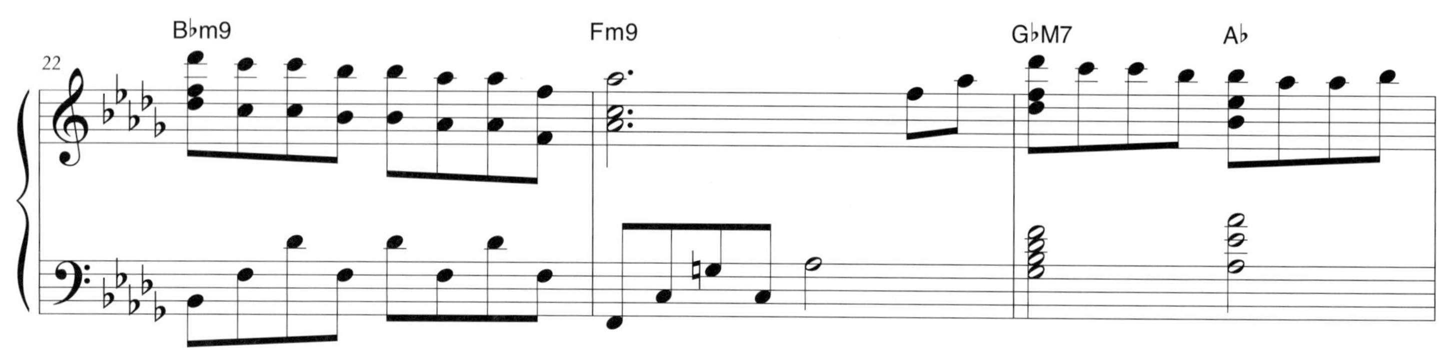

Bbm9
Fm9
GbM7
Ab

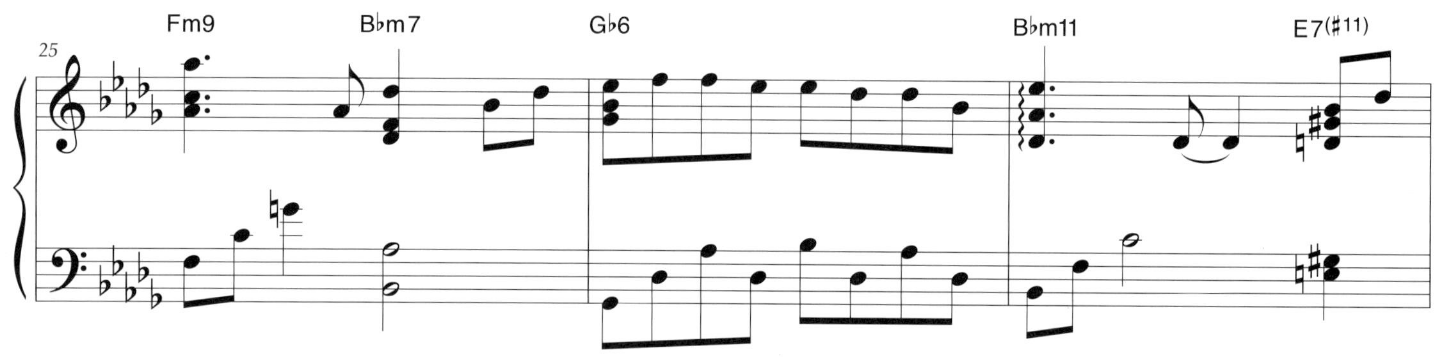

Fm9
Bbm7
Gb6
Bbm11
E7(#11)

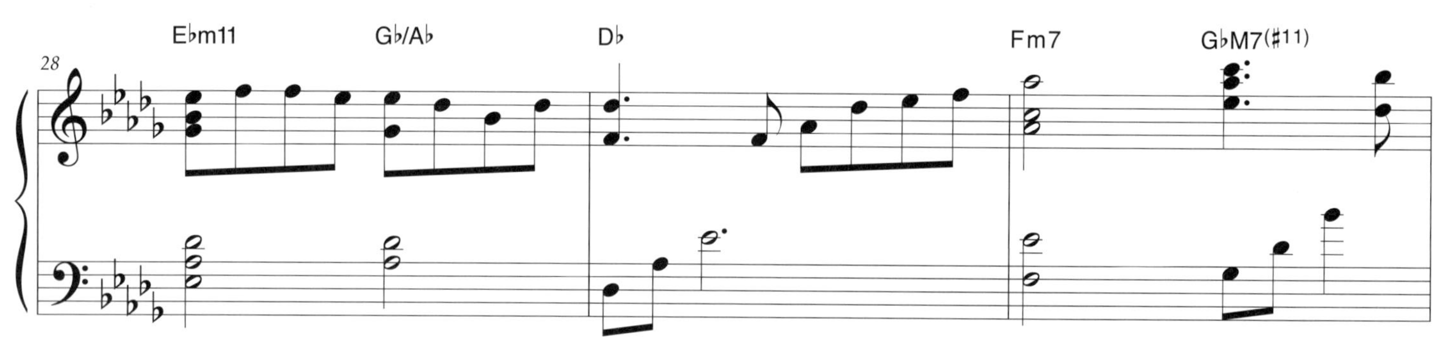

Ebm11
Gb/Ab
Db
Fm7
GbM7(#11)

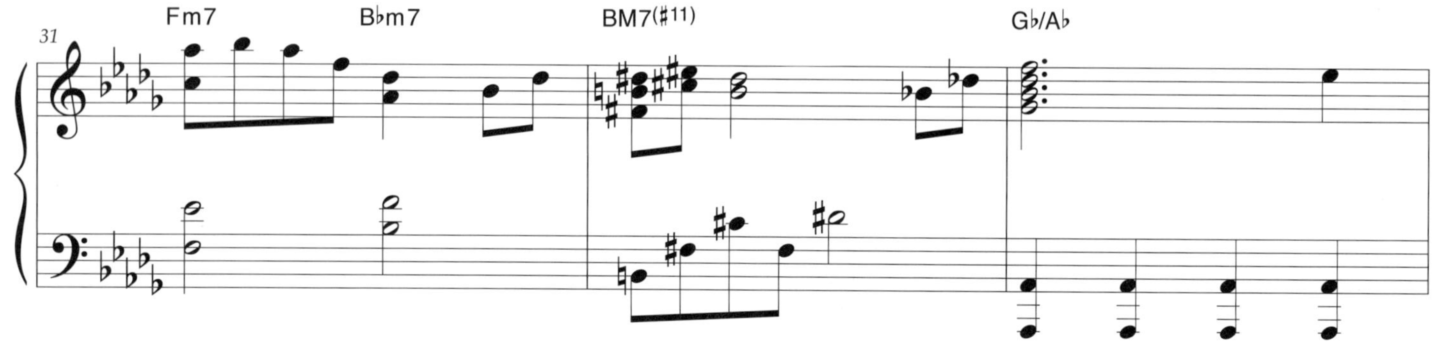

Fm7
Bbm7
BM7(#11)
Gb/Ab

Ab9
Bbm9
Fm
Gb
rit.
a tempo
Bbm9
Fm9
GbM7
Ab
Fm
Bbm7
Gb6
Bbm11
Ebm7
Ab9
Fm7
GbM7
Bbm7 /Ab
GbM7
Gb/Ab
Db
3

토이 스토리
Toy Story, 1995

You've Got A Friend In Me

Toy Story, 1995
토이 스토리

Randy Newman 작사·작곡

Swing!

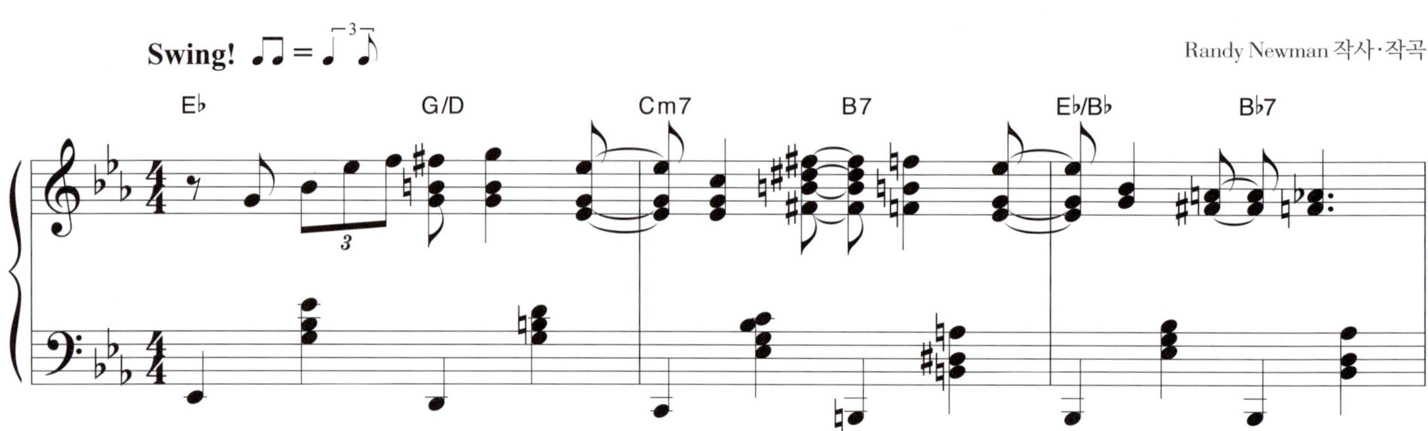

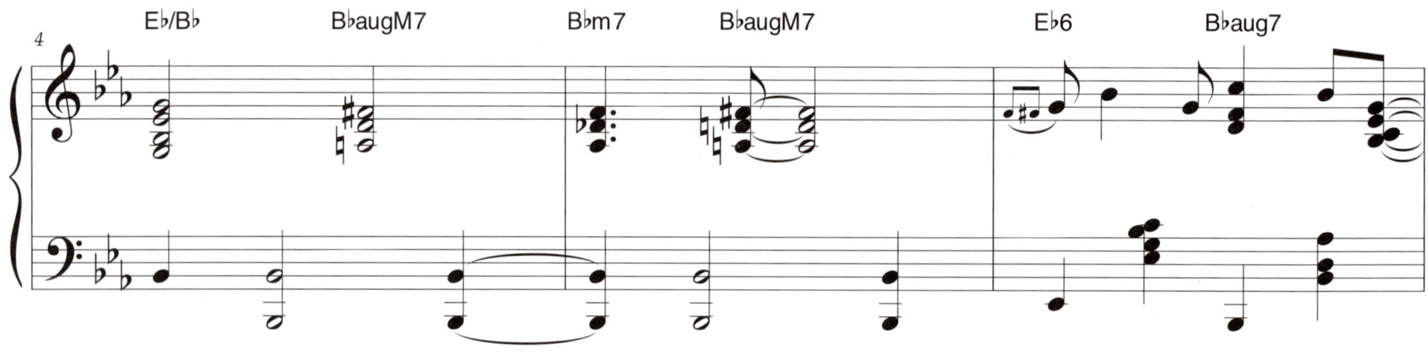

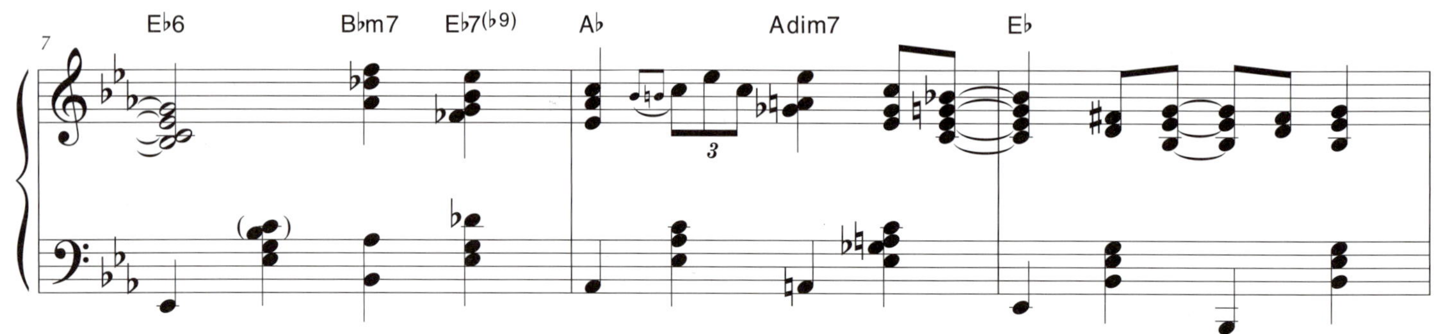

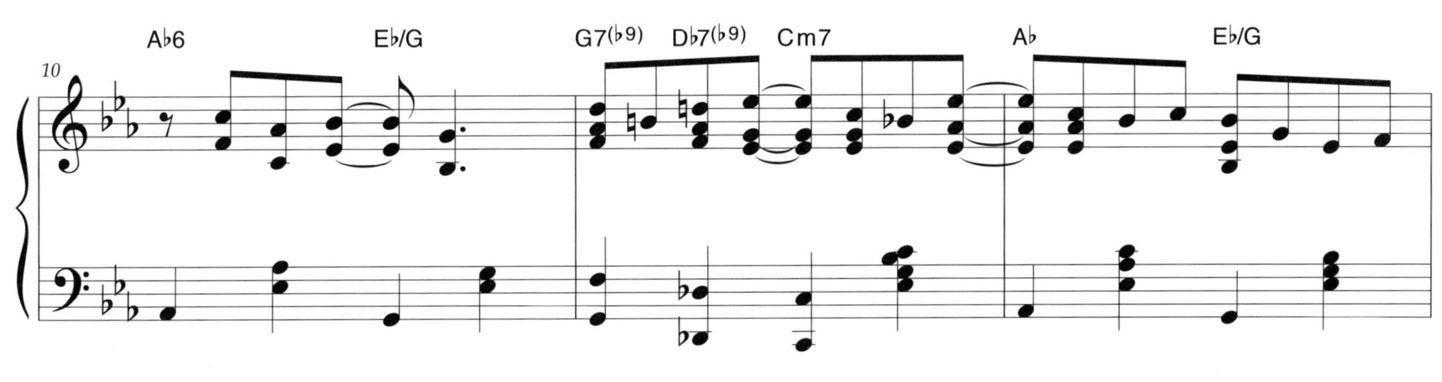

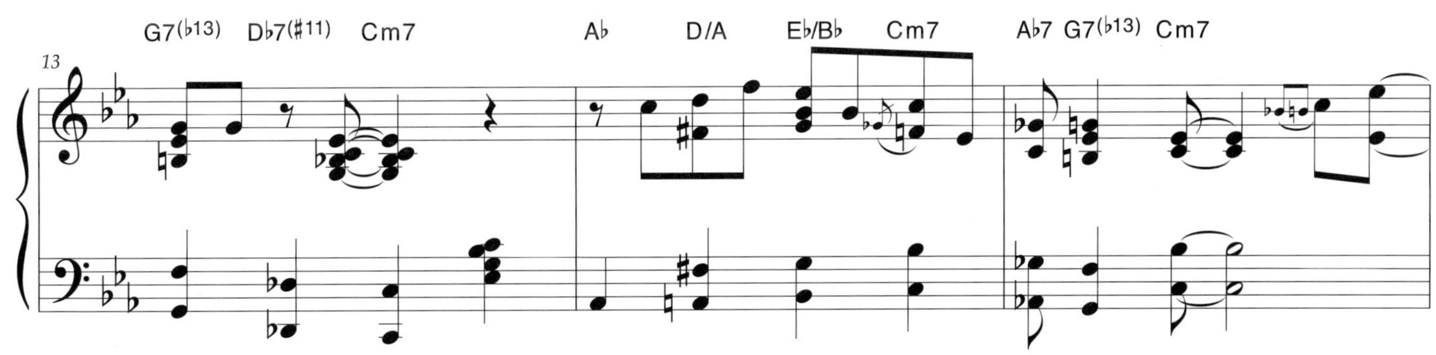

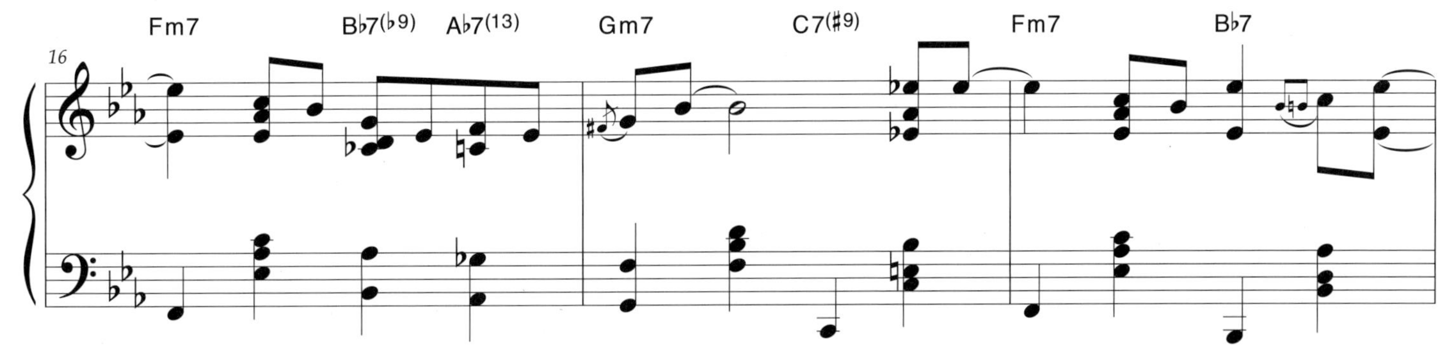

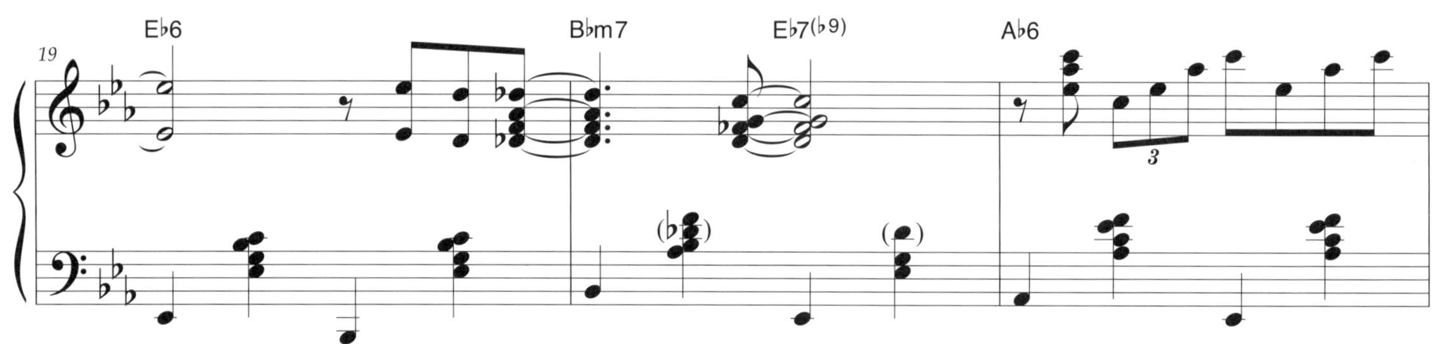
19
Eb6
Bbm7
Eb7(b9)
Ab6

22
D7
Eb6
D7
Eb6

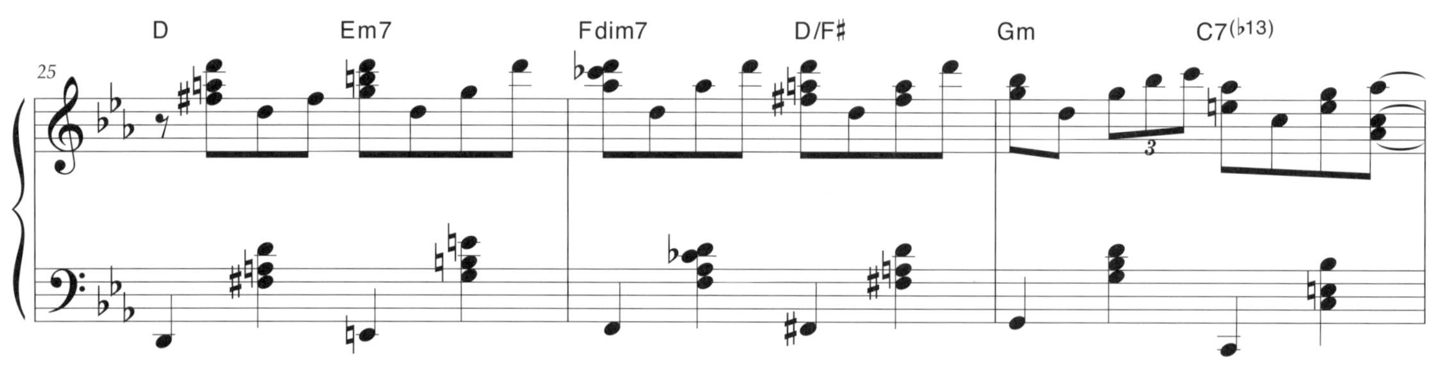
25
D
Em7
Fdim7
D/F#
Gm
C7(b13)

28
Fm7
Bb7(b9)
Eb6
Bbaug7
Eb6
Bbm7
Eb7(b9)

Ab
Adim7
Eb6
Ab
Adim7
Eb/Bb
Ebaug/B
Cm
Fm7
Bb7(13)
Eb6
C7(#9)
Fm7
Bb7(13)
Eb6
C7(#9)
Fm7
Bb7
Eb
G/D
Cm7
B7
Eb/Bb
Bb7
Eb
3

Disney
MULAN

뮬란
Mulan, 1998

Reflection

Mulan, 1998
뮬란

David Zippel 작사
Matthew Wilder 작곡

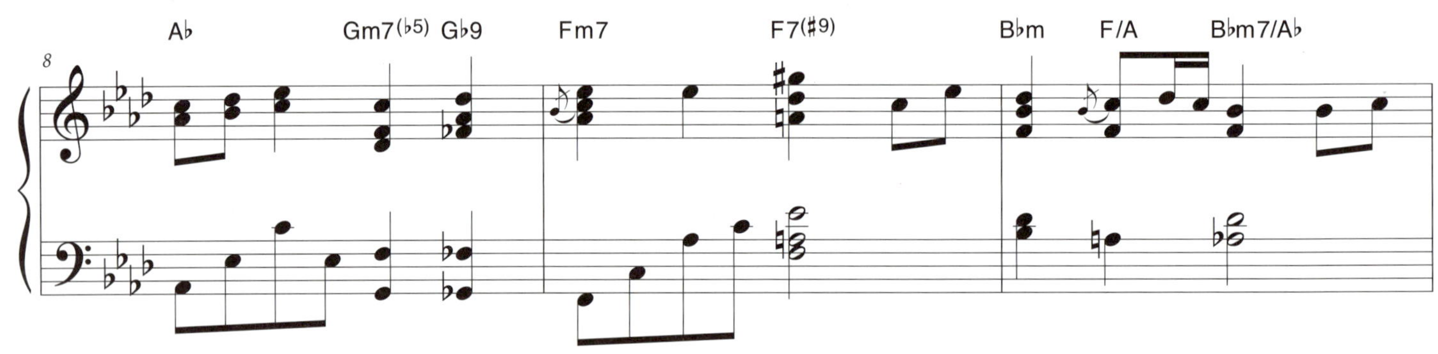

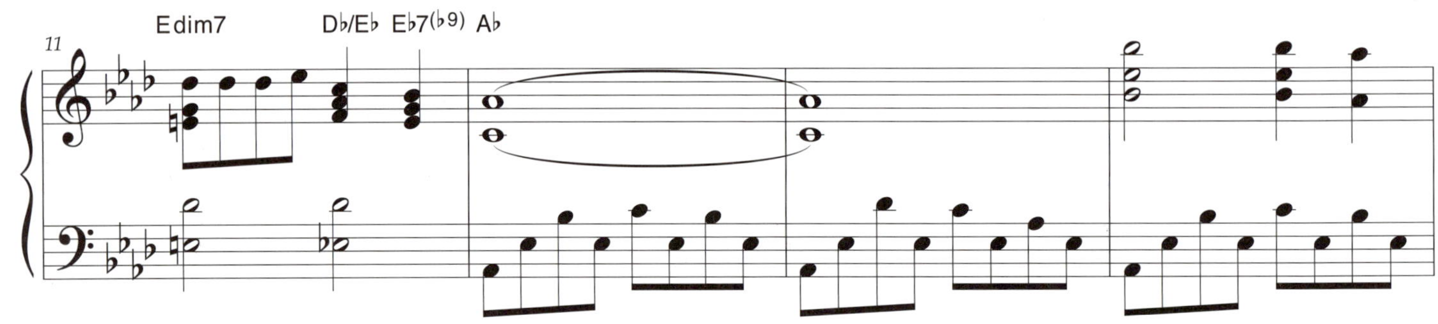

니모를 찾아서
Finding Nemo, 2003

Beyond The Sea

Finding Nemo, 2003
니모를 찾아서

Jack Lawrence 작사
Albert Lasry · Charles Trenet 작곡

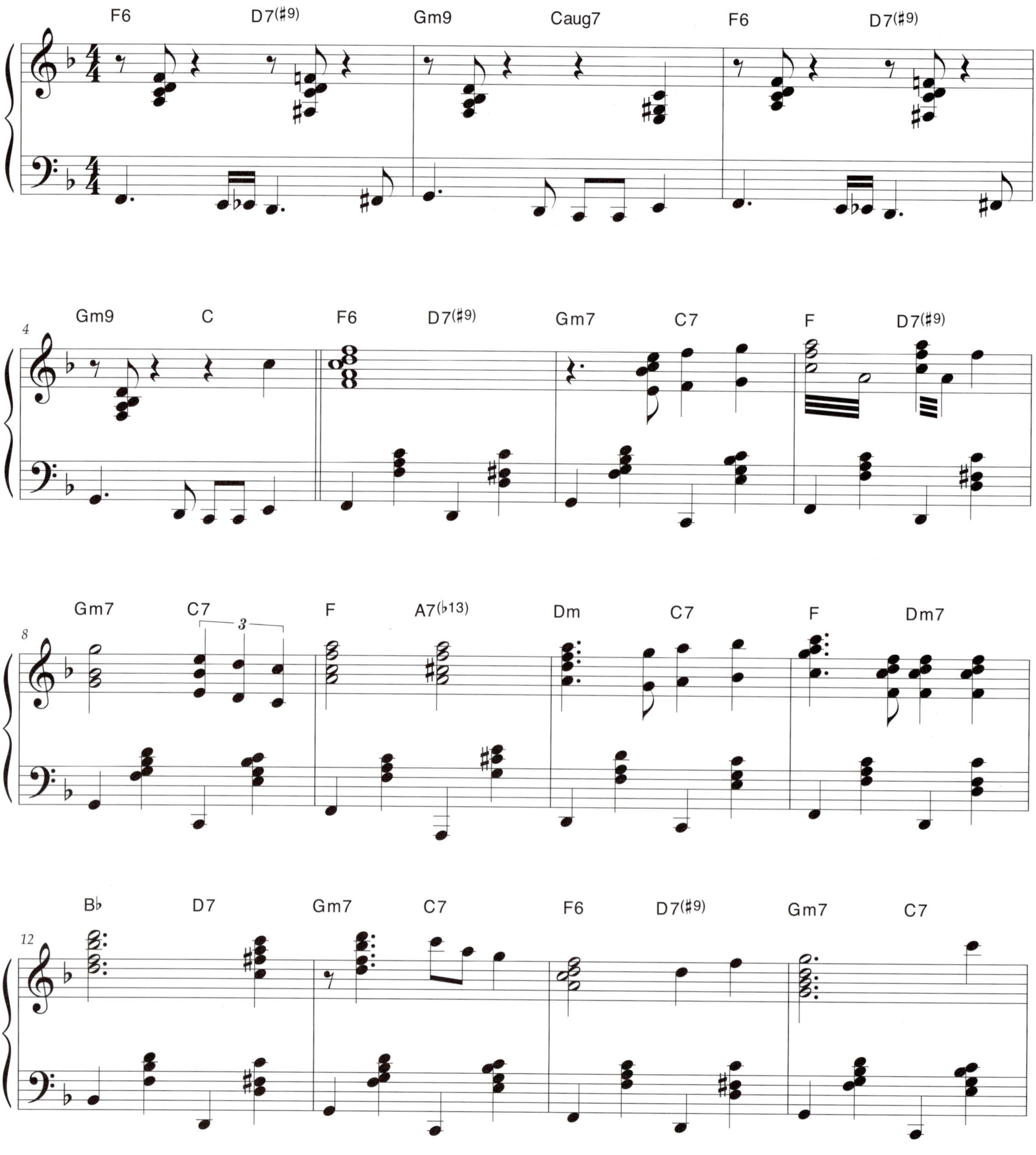

F
D7(b13)
Gm7(11)
C7
F
Dm7
Gm7
C7(13)
F
A7
Dm
C7
F
D7
Bb
D7
Gm7
C7
F
D7(#9)
Gm7
C7
F
D7(#9)
Gm7
C7
F6
Bb/F
Fdim
F
8va
8vb

위니 더 푸
Winnie The Pooh, 2011

CONTEIT FOR
Eeyore's TAEL
EX iBITA

Everything Is Honey

Winnie The Pooh, 2011
위니 더 푸

Kristen Anderson-Lopez · Robert Lopez 작곡

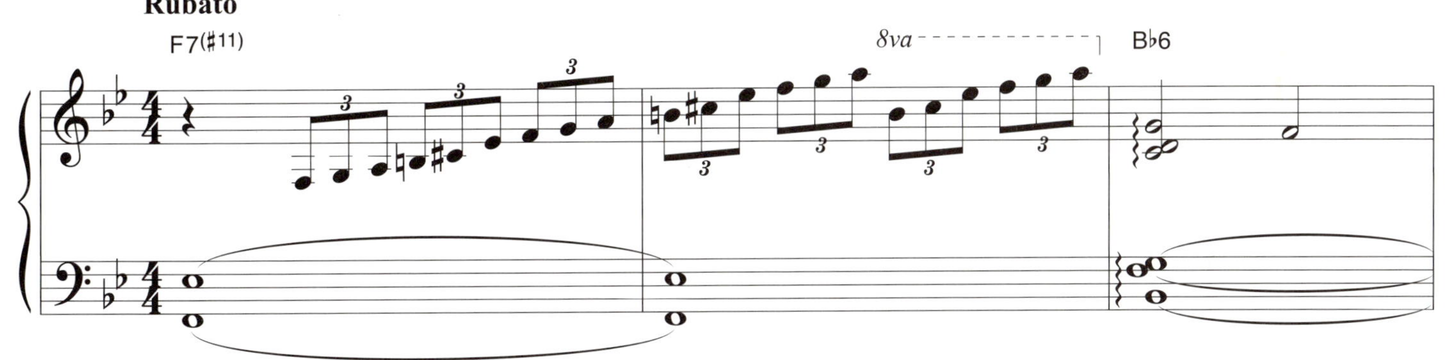

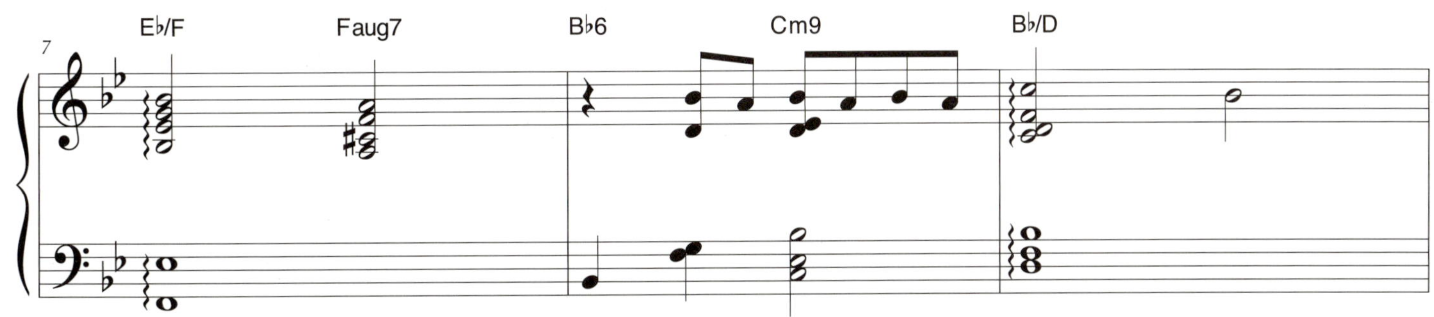

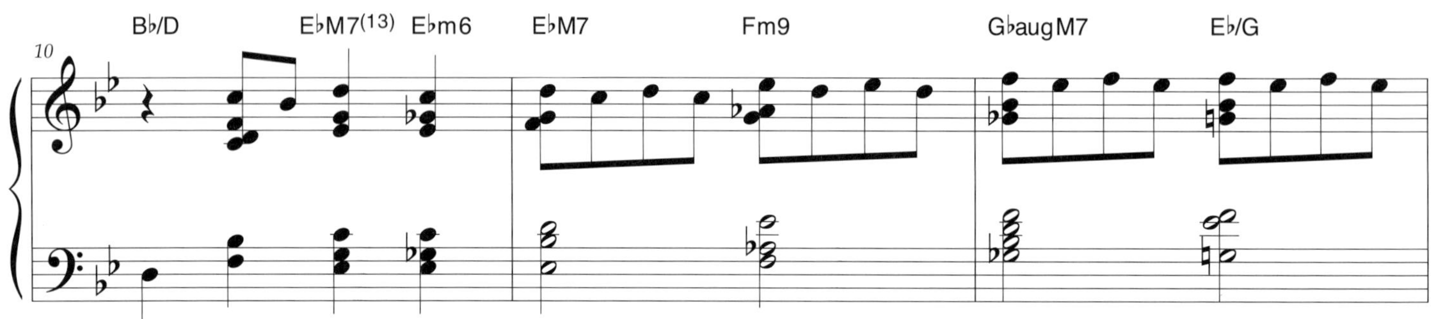

Bb/D   EbM7(13) Ebm6   EbM7   Fm9   GbaugM7   Eb/G
10

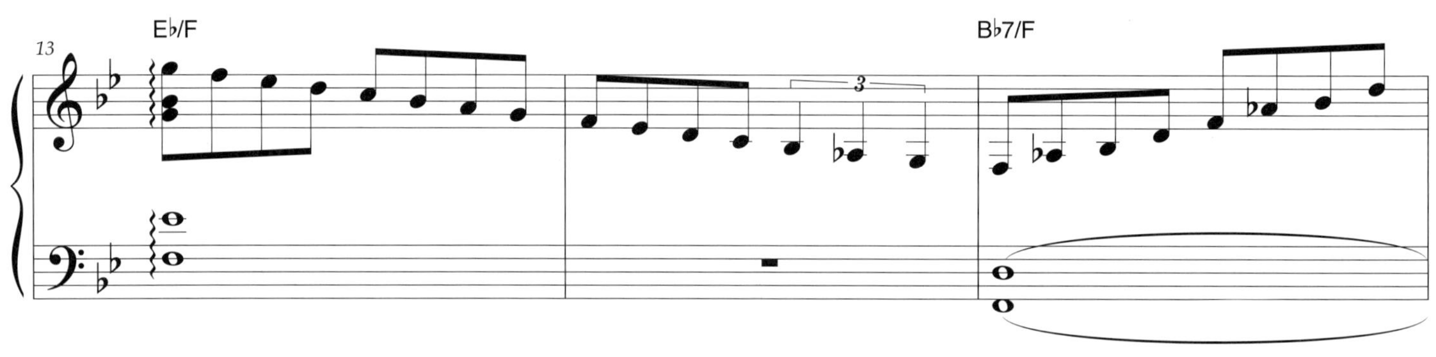

Eb/F   Bb7/F
13

Bb7/F   C7
16

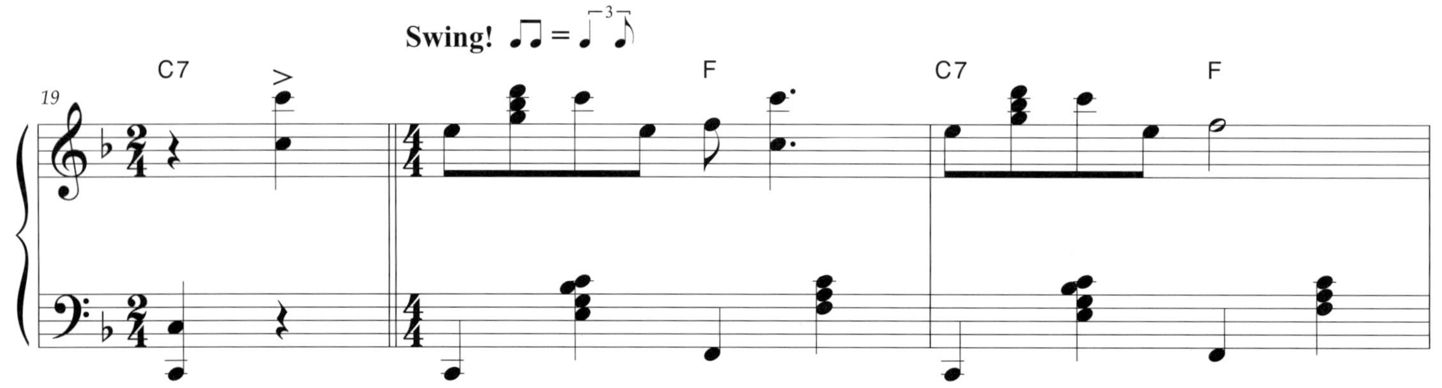

Swing!
C7   F   C7   F
19

Gm7 C7 F G7 C7 Gm7 C7 F
F Gm7 C7 F G7 C7
C7 F C7 F Gm7 C7 F Dm
Gm9 C7 F Dm7 Gm7 C7 F Dm Gm9 C7 F
8vb - - -

겨울왕국
Frozen, 2013

Do You Want To Build A Snowman

Frozen, 2013
겨울왕국

Kristen Anderson-Lopez · Robert Lopez 작사·작곡

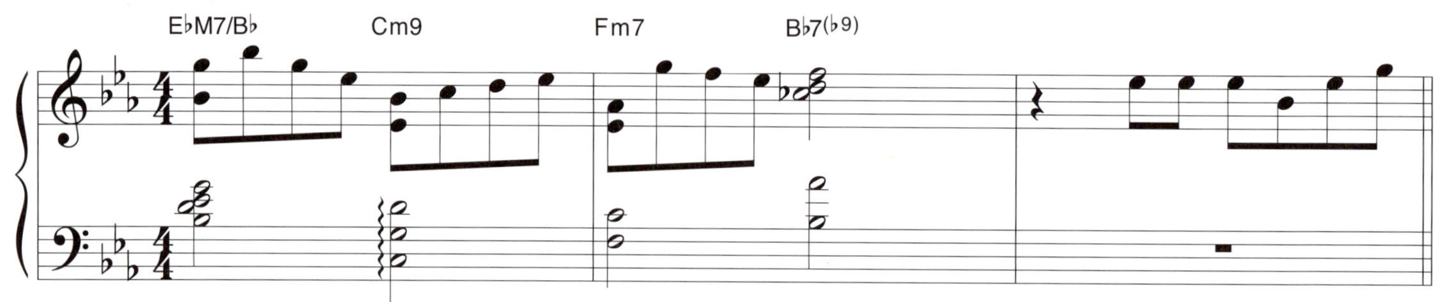

Bdim7
Cm
G7(♭9)
Cm9
F9
Fm7(11)
A♭mM7
A♭/B♭
B♭
E♭
E♭
E♭
B♭/D

28
Bb/D
Db6
Db/F
Gm9
Ab
G7(b9)
Cm7
Dm7(b5)
G7(b9)
Cm9
F9
3
Fm7(11)
AbmM7
Ab/Bb
Bb
42
Eb

Let It Go

Frozen, 2013
겨울왕국

Kristen Anderson-Lopez · Robert Lopez 작사 · 작곡

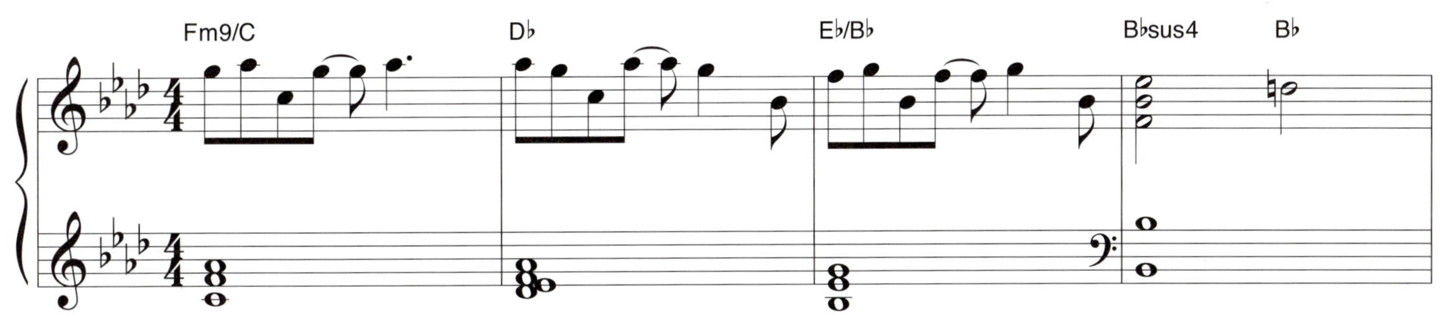

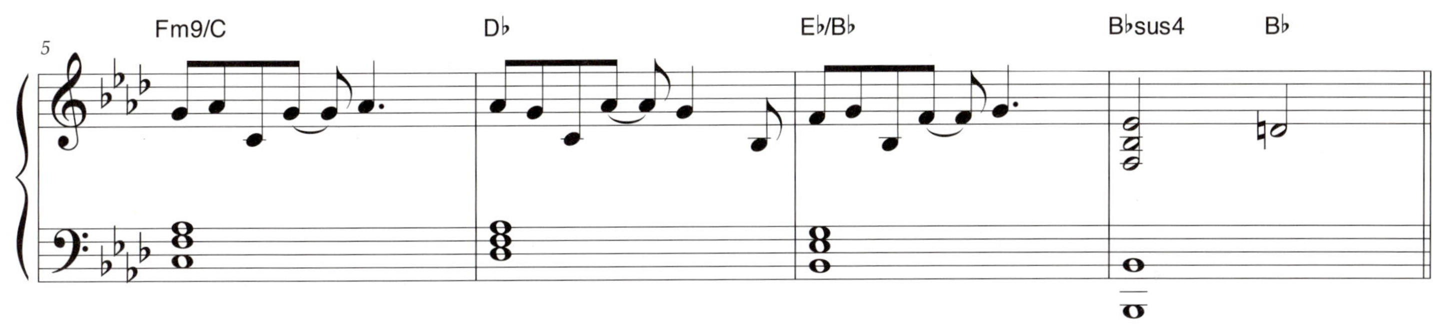

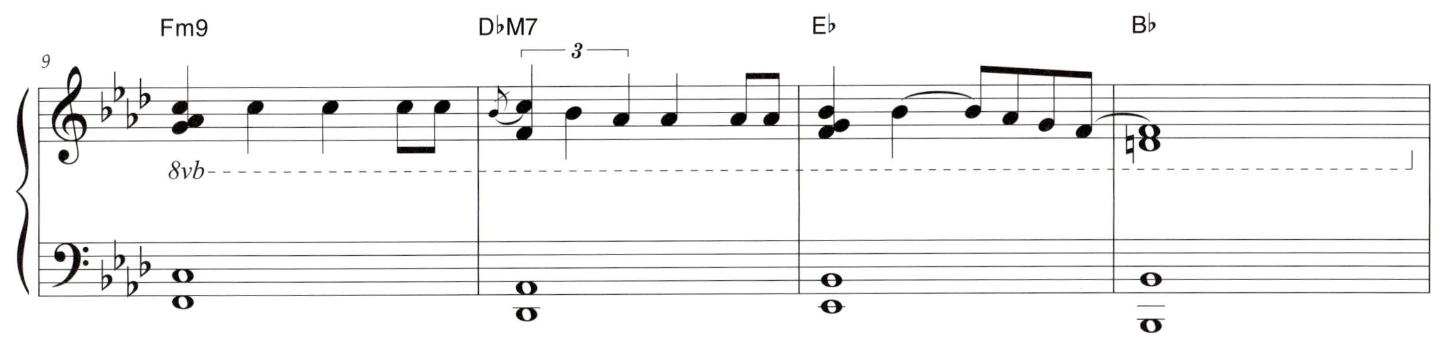

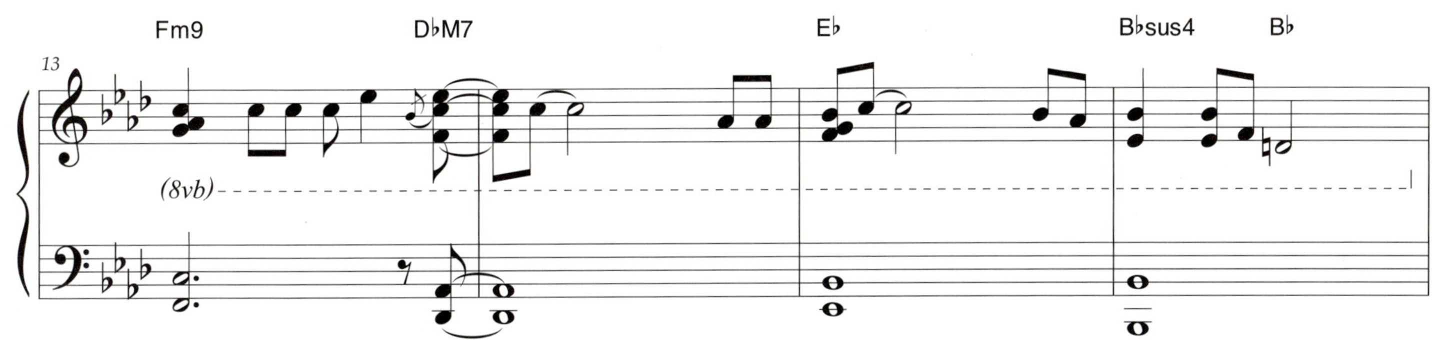

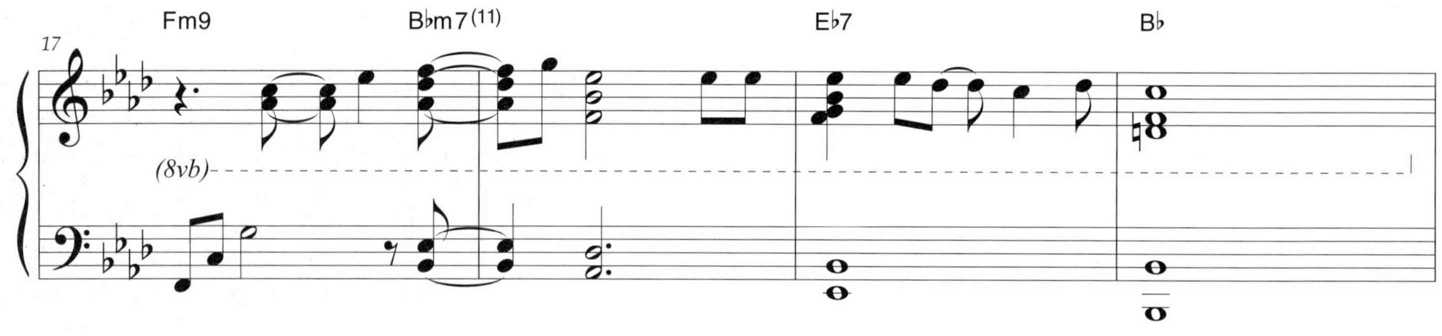

Fm9
B♭m7(11)
E♭7
B♭
(8vb)
17

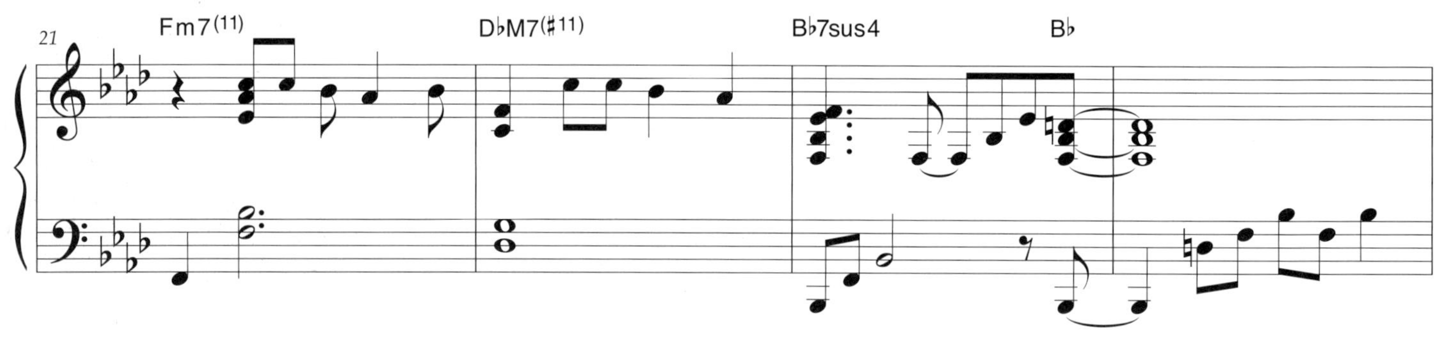

Fm7(11)
D♭M7(♯11)
B♭7sus4
B♭
21

E♭
D♭
25

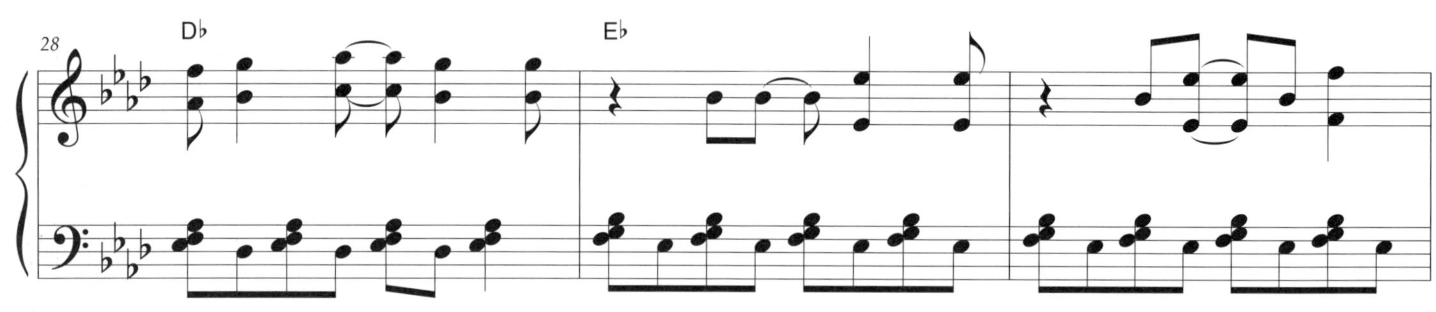

D♭
E♭
28

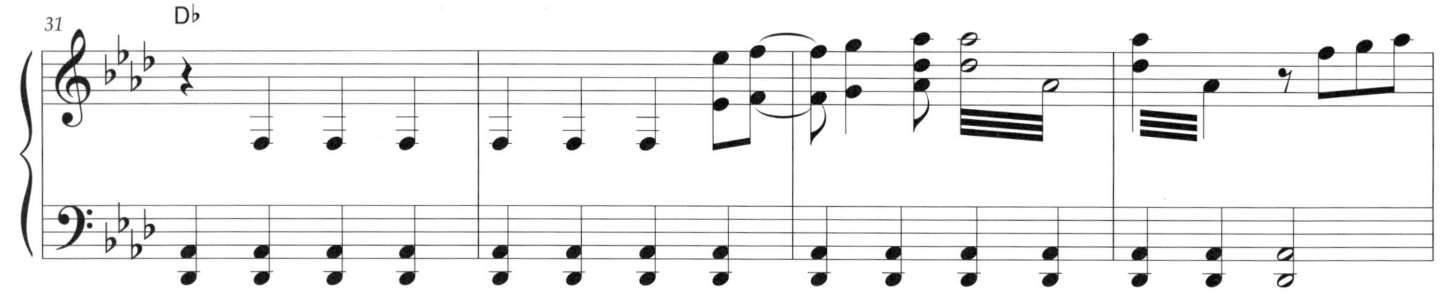

D♭
31

Ab
Eb/G
Db/F
Db/F
Ab
Eb/G
DbM7
Db
Cm
Bbm
Ab
Eb
Eb
Fm7
Db
Cm
B
DbM7
Disney Jazz • BEST DISNEY SONGS TO PLAY ON JAZZ PIANO 97

모아나
Moana, 2016

How Far I'll Go

Moana, 2016
모아나

Lin-Manuel Miranda 작사·작곡

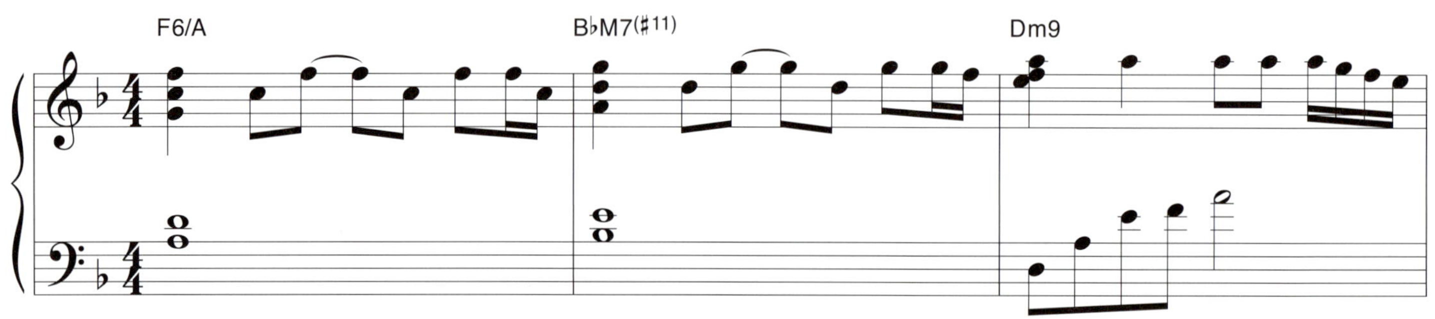

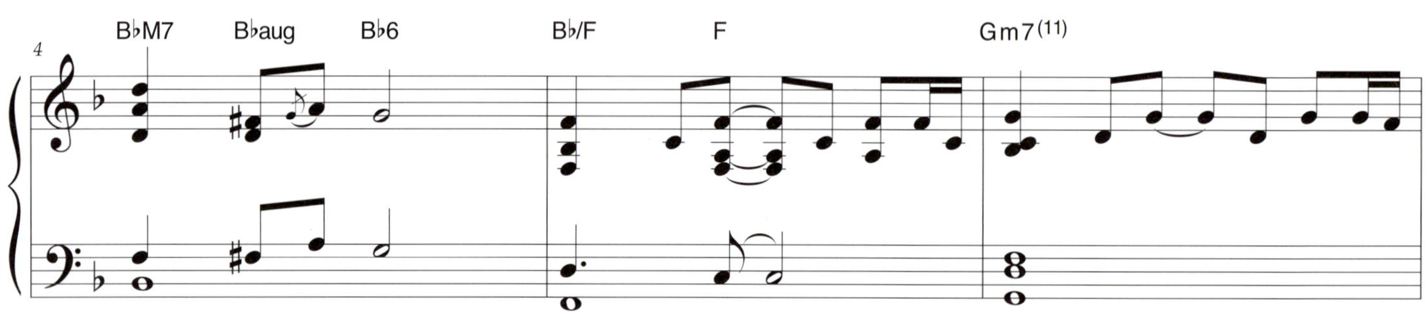

10
C/E
FM7
B♭m

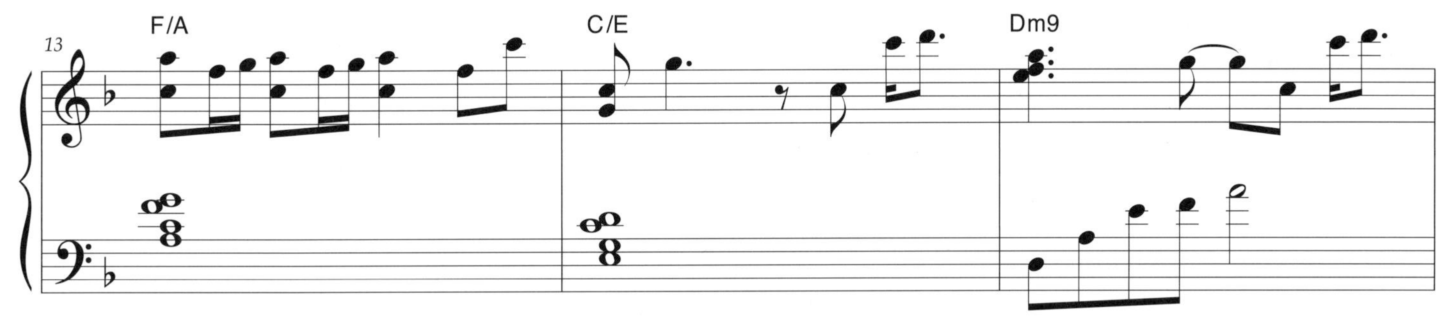

13
F/A
C/E
Dm9

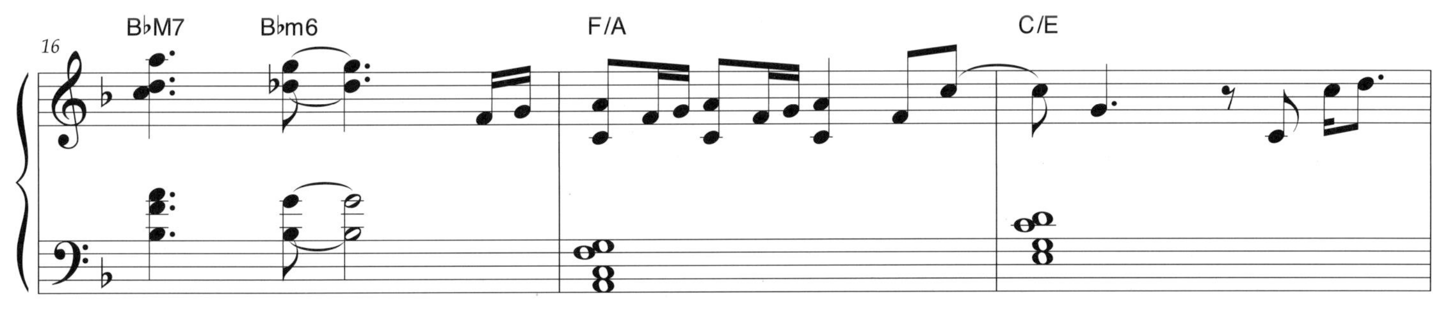

16
B♭M7
B♭m6
F/A
C/E

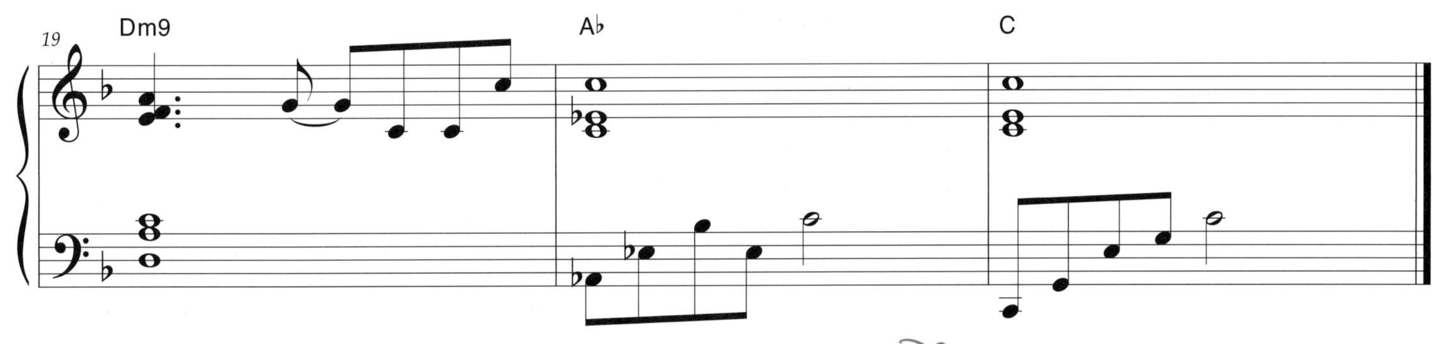

19
Dm9
A♭
C

코코
Coco, 2017

Remember Me

Coco, 2017
코코

Kristen Anderson-Lopez · Robert Lopez 작사·작곡

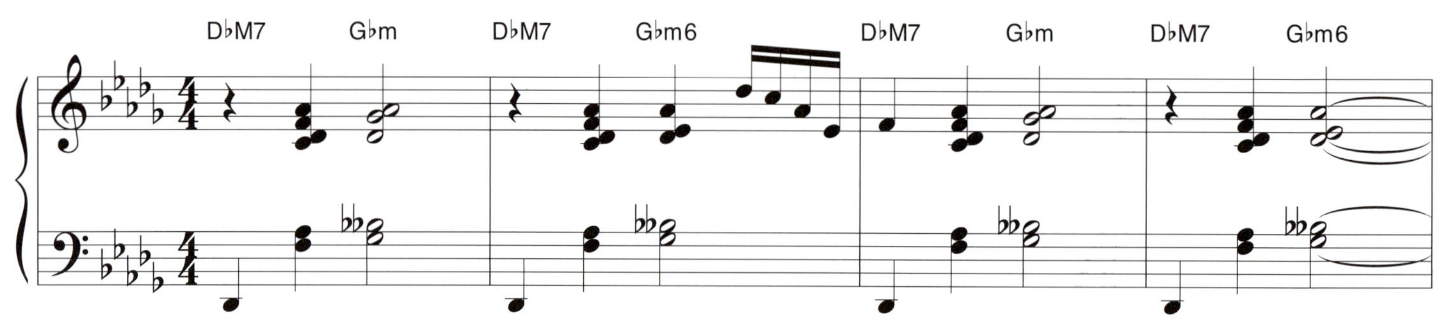

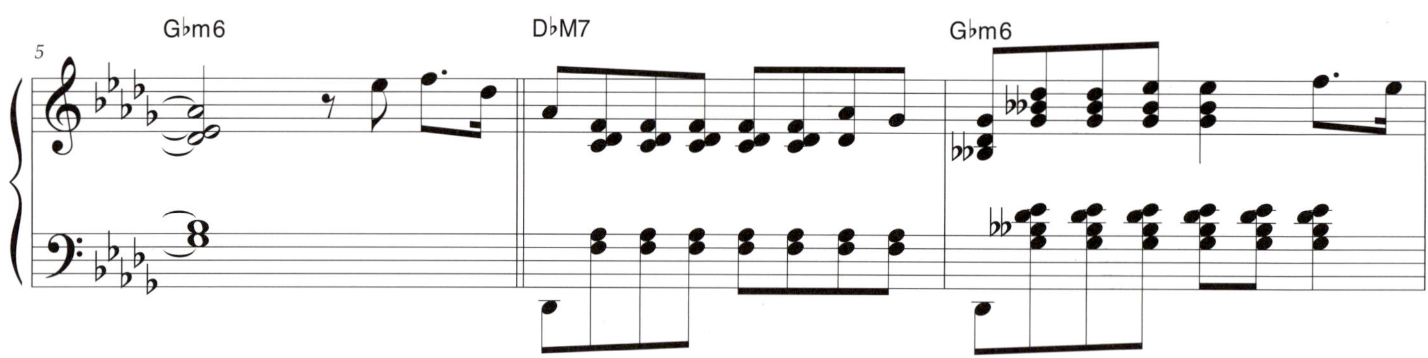

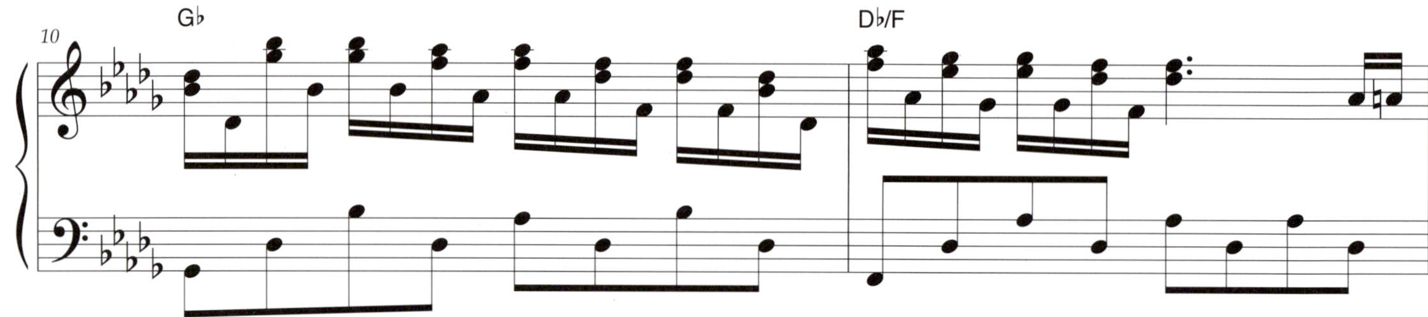

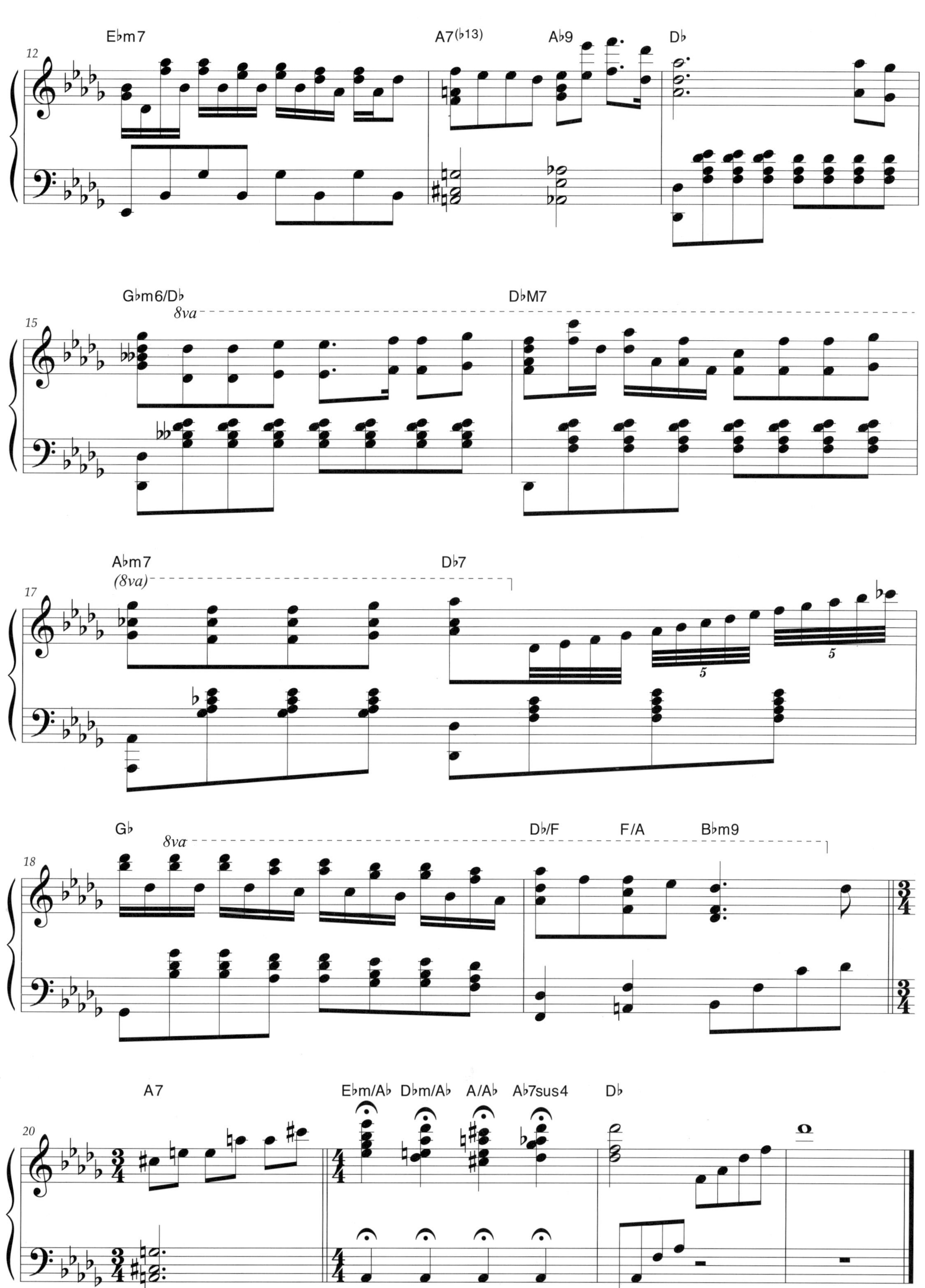

Ebm7
A7(b13)
Ab9
Db
Gbm6/Db
8va
DbM7
Abm7
(8va)
Db7
5
5
Gb
8va
Db/F
F/A
Bbm9
3/4
3/4
A7
3/4
Ebm/Ab
Dbm/Ab
A/Ab
Ab7sus4
Db
4/4
4/4
12
15
17
18
20

FROZEN II

겨울왕국 2
Frozen 2, 2019

Into The Unknown

Frozen 2, 2019
겨울왕국 2

Kristen Anderson-Lopez · Robert Lopez 작사·작곡

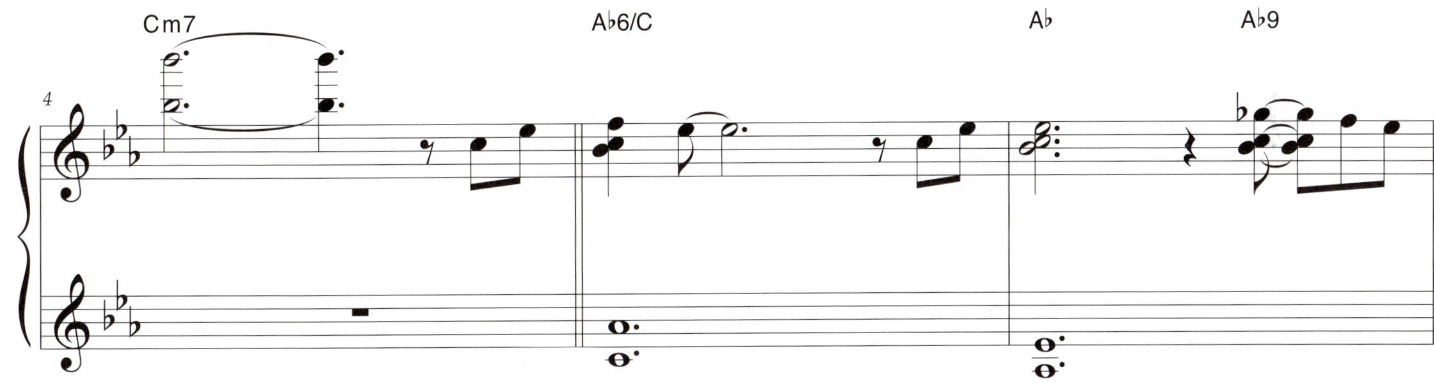

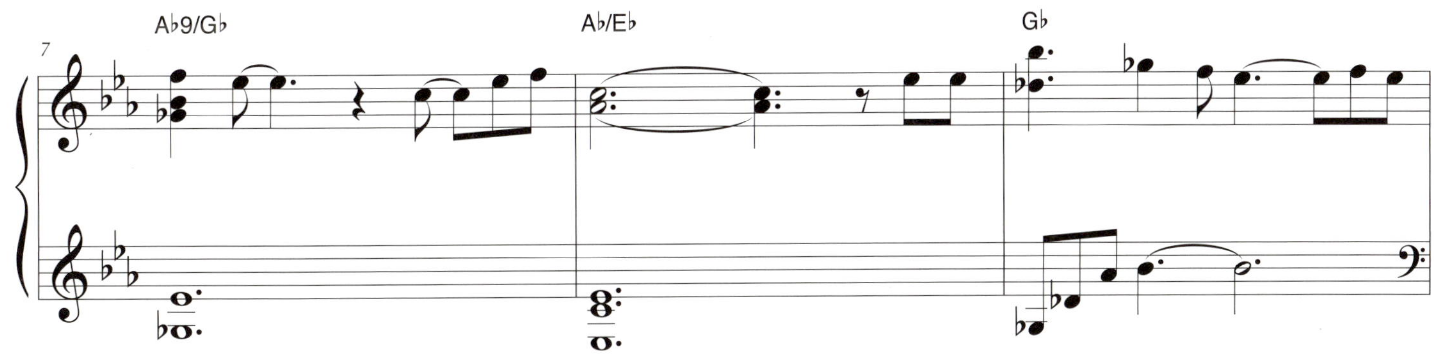

E♭m11
A♭9
13

A♭9
E♭m6
16

A♭9
G♭
19

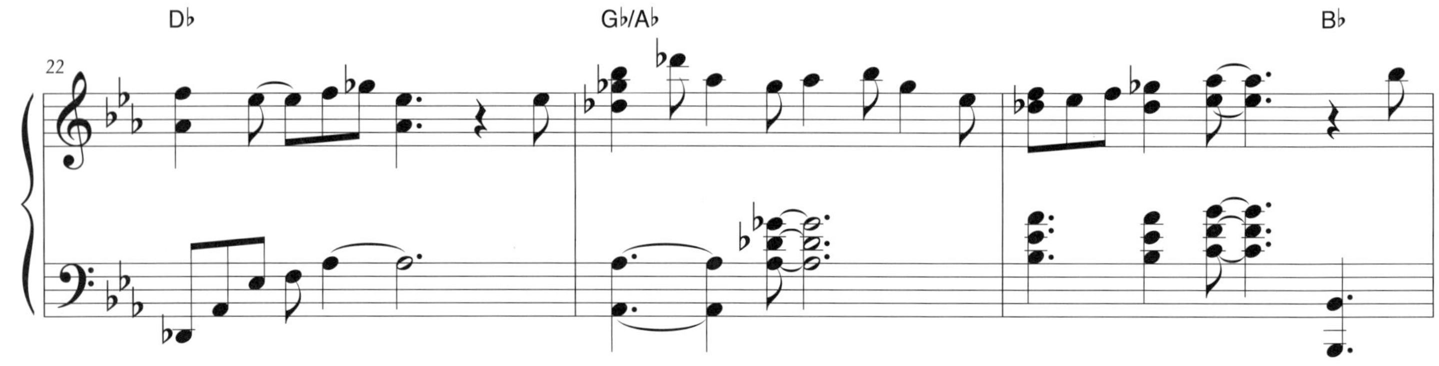

D♭
G♭/A♭
B♭
22

Csus4
Cm7(11)
AbM7
25
AbM7
Bb
Eb
28
Ab
Cm
31
Cdim
Ab9
8va
34
8va
8va

소울
Soul, 2021

It's All Right

Soul, 2021
소울

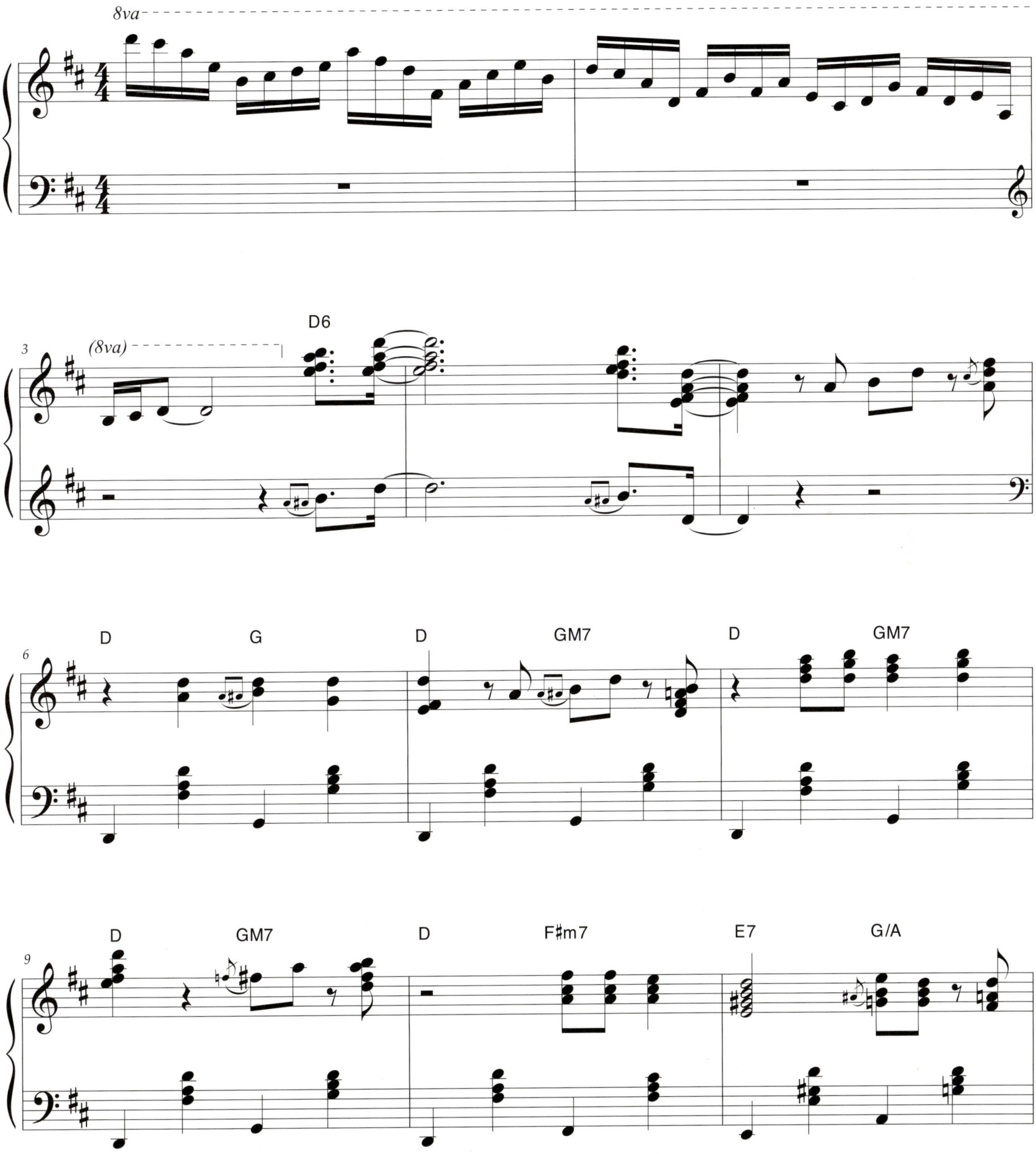

Disney
ENCANTO
엔칸토
Encanto, 2021

We Don't Talk About Bruno

Encanto, 2021
엔칸토

Lin-Manuel Miranda 작사·작곡

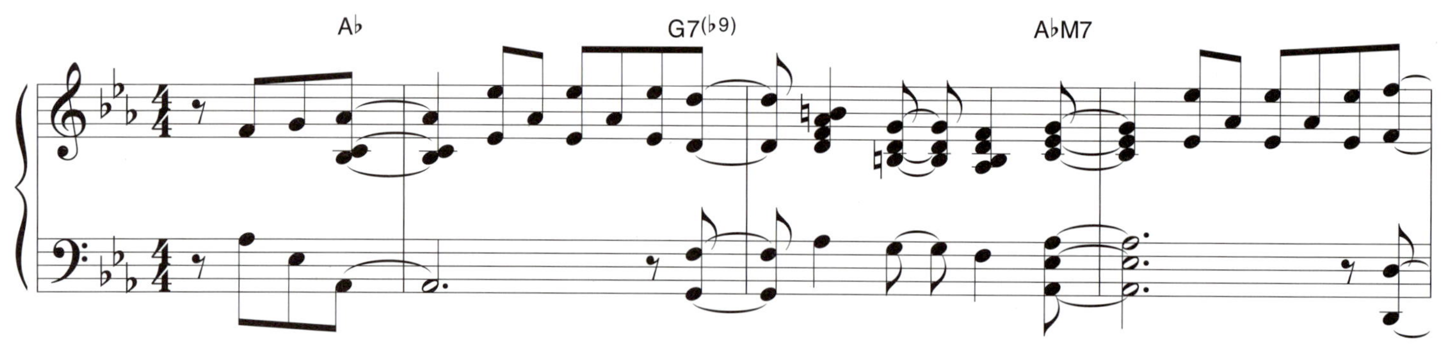

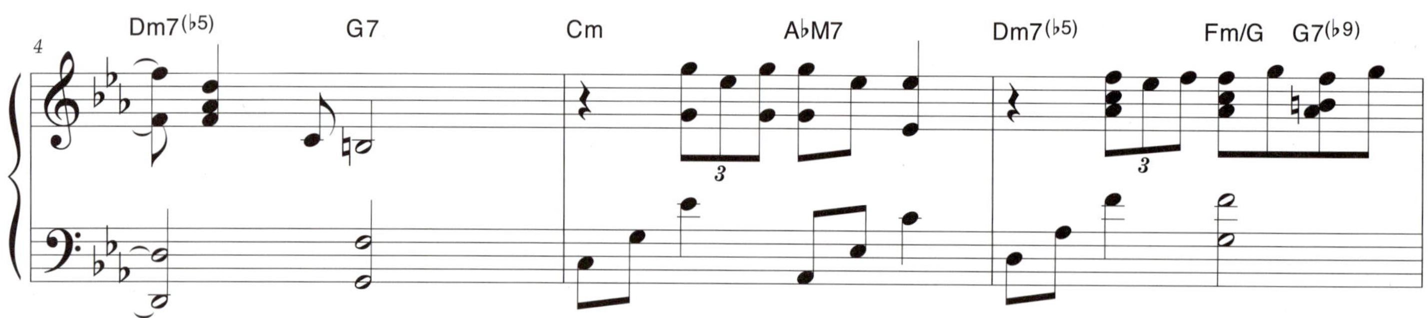

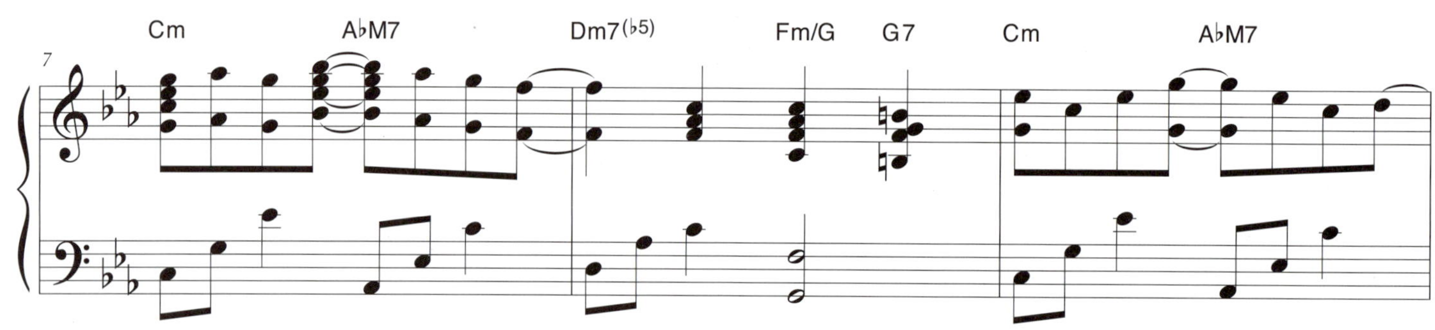

Cm7   A♭M7   G   G7(♭9)   Cm   A♭M7   G
G   G7(♭9)   Cm   A♭M7   G7(♯9)   G7
A♭   G7(♭9)   A♭M7   G7(♯9)
G7(♯9)   G7(♭9)   A♭   G7(♭9)   A♭M7
A♭M7   G7(♯9)   G7(♭9)   CmM7
13
16
19
22
25
3

Four Jazz Pianists
and Jimindorothy

-Bud Powell

-Bill Evans

-Erroll Garner

-Barry Harris

A Dream Is A Wish Your Makes

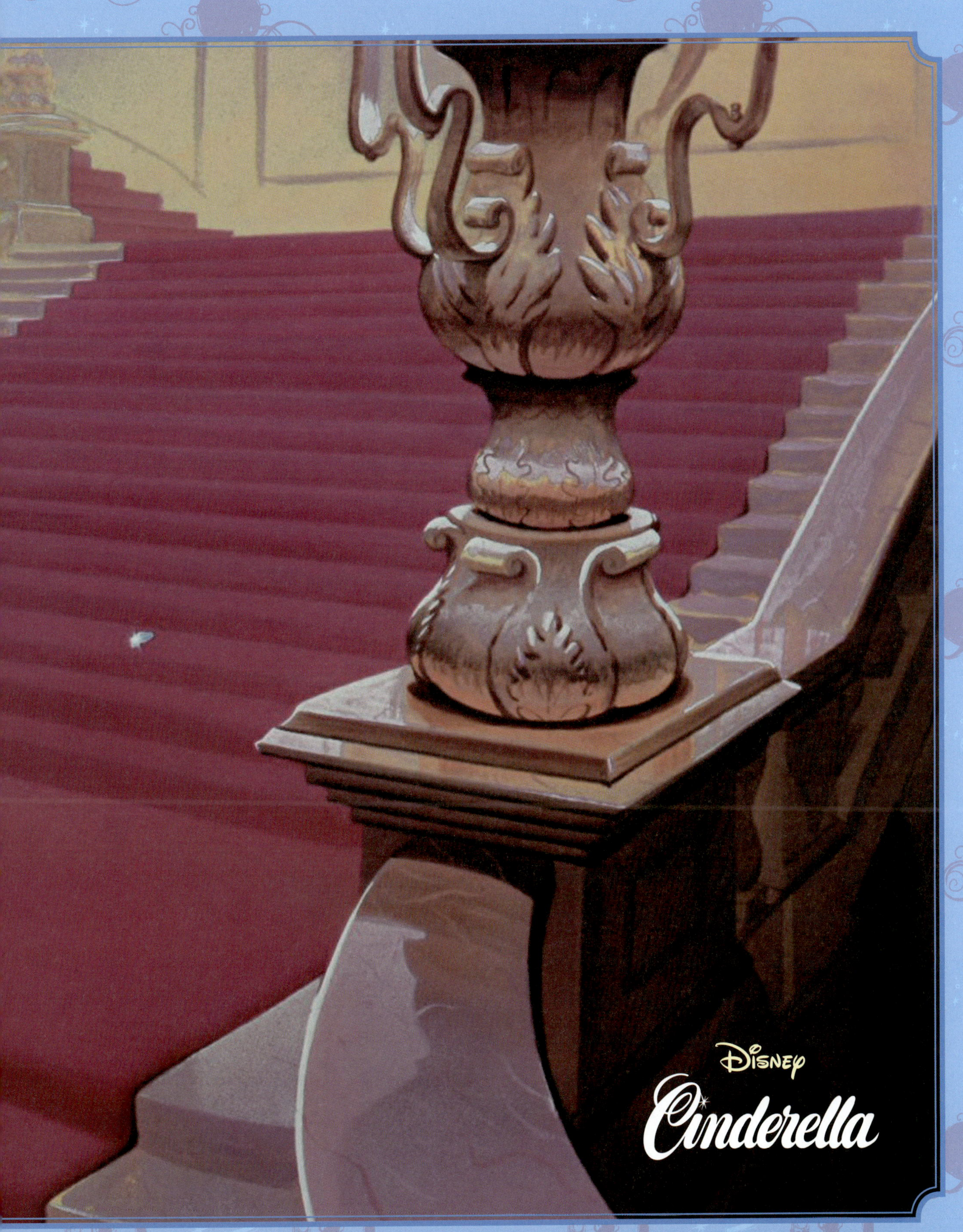
Disney
Cinderella

A Dream Is A Wish Your Heart Makes

Cinderella, 1950
신데렐라

Al Hoffman · Jerry Livingston · Mack David 작사·작곡

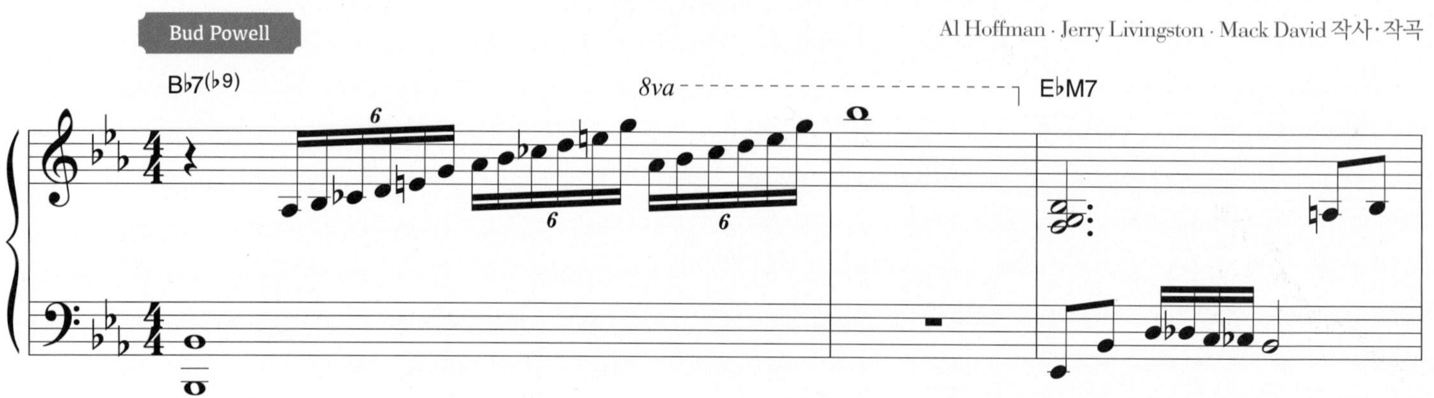

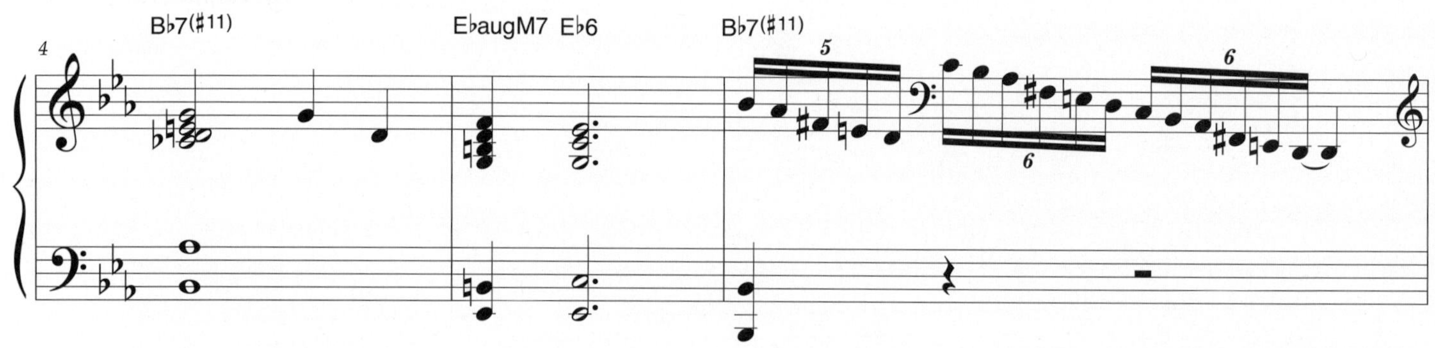

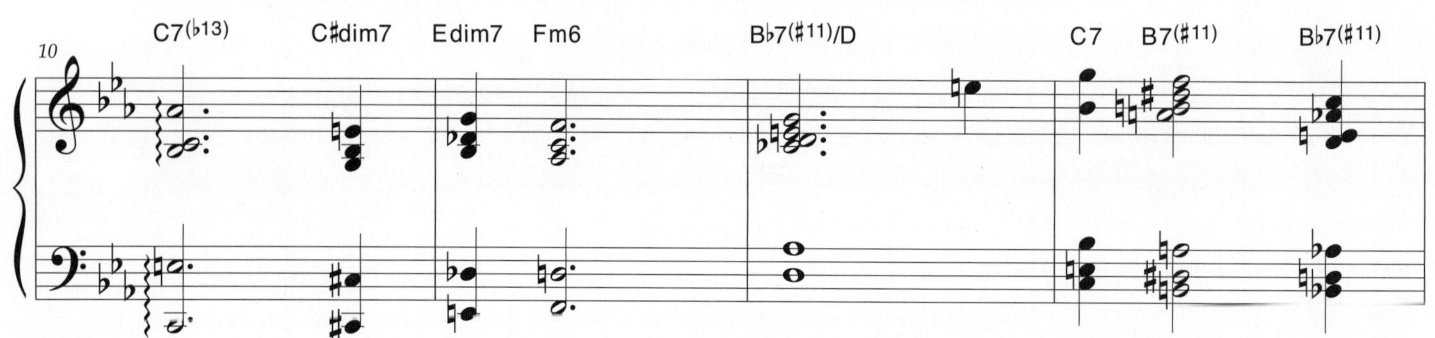

Bill Evans

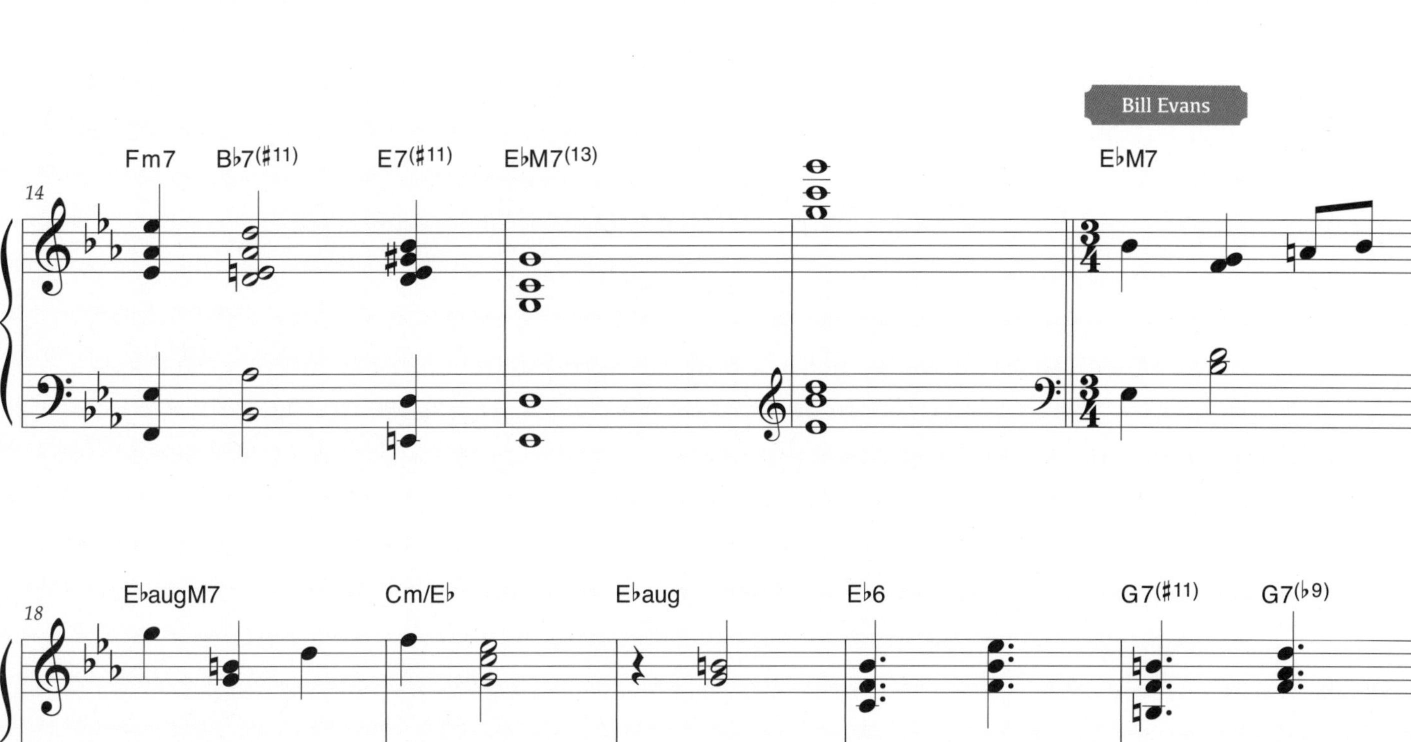

Fm7   Bb7(#11)   E7(#11)   EbM7(13)   EbM7

EbaugM7   Cm/Eb   Ebaug   Eb6   G7(#11)   G7(b9)

Abaug   C7(b13)   C/E   Fm7/C   Cb/Db

Cm7(11)   B9(b13)   Fm7(11)   Gm7(11)   Abm7(11)   Abm/Bb   Bb7

EM7(#11)   EbM7(13)

Erroll Garner
Eb6
EbaugM7
Eb6
EbaugM7
Eb6
EbaugM7
AbM7
8va
C7
Fm7
8va
C7(b13)
Fm7
Bb7(#11)
3
3
Fm7
Bb7
Eb6
35
38
41
44
47
126

Barry Harris

Disney Jazz
Fall in
Lo-fi

When She Loved Me

Toy Story 2, 1999
토이 스토리 2

Randy Newman 작사·작곡

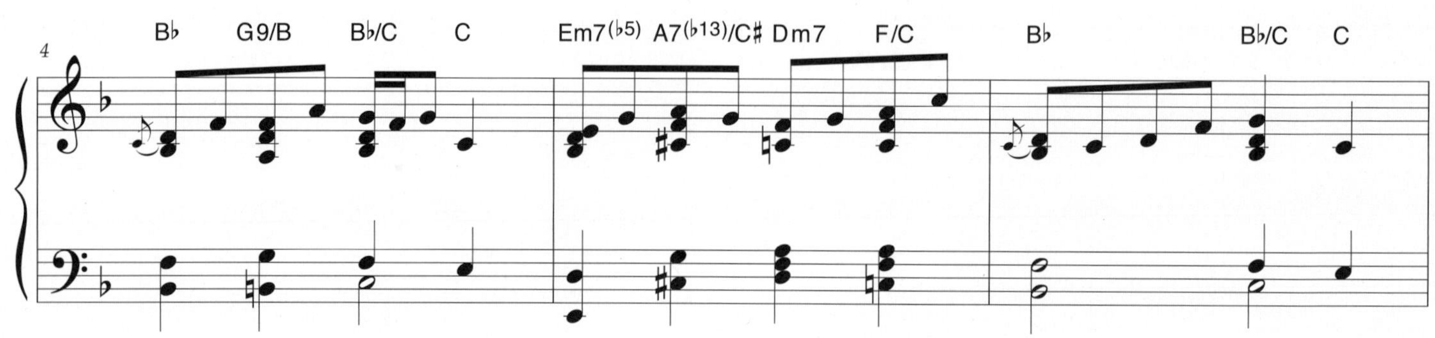

Bb
Bb/C
C7
FM7
FM7
Bb
Am7
Dm7
Gm9
G9/B
Gm9
C7
F
Gm7
F/A
Bb
G9/B
C7
Am7(b5)
D7(b13)
Gm9
C7

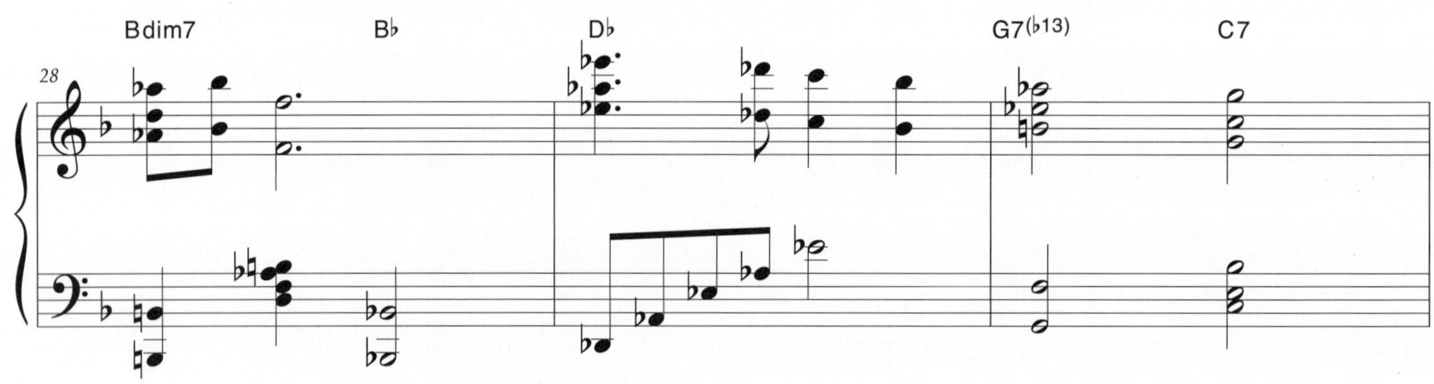

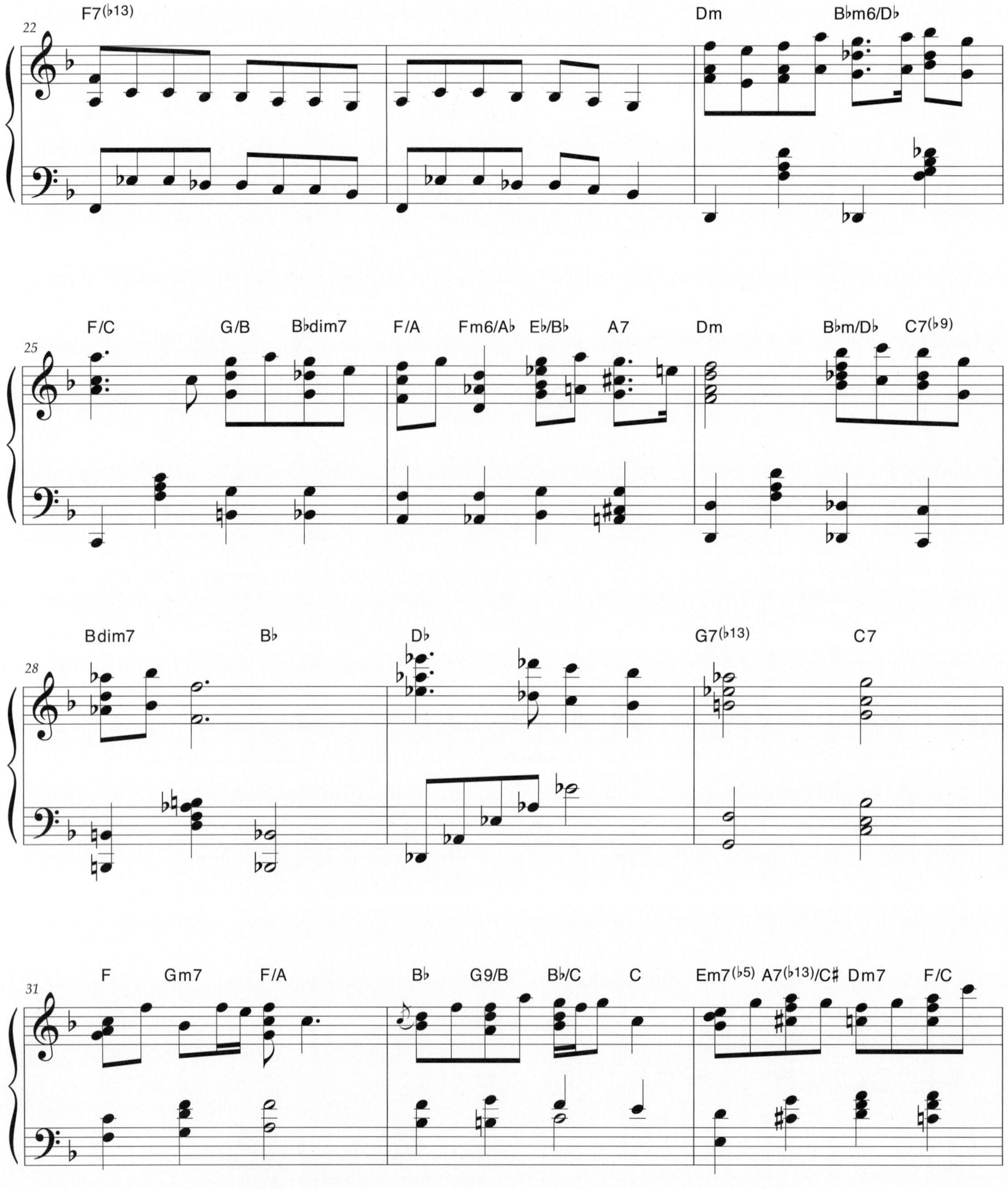

F7(♭13)
Dm
B♭m6/D♭
F/C
G/B
B♭dim7
F/A
Fm6/A♭
E♭/B♭
A7
Dm
B♭m/D♭
C7(♭9)
Bdim7
B♭
D♭
G7(♭13)
C7

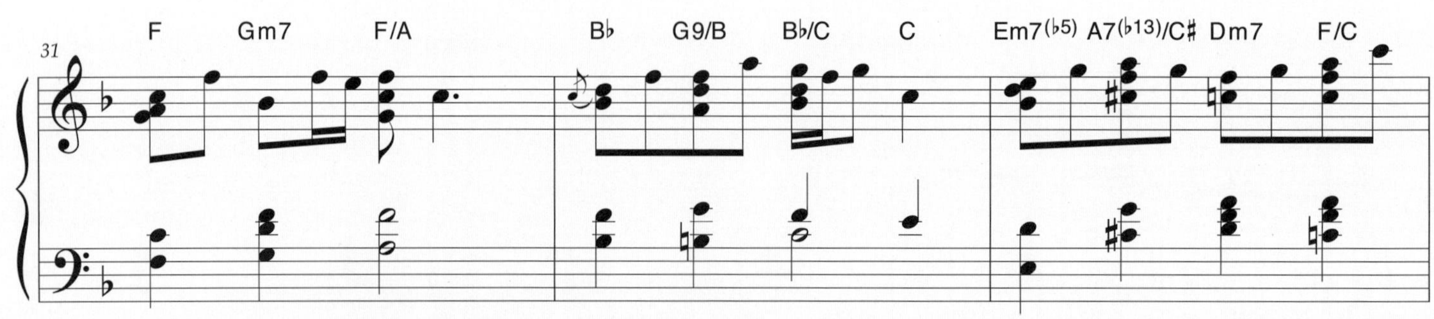

F
Gm7
F/A
B♭
G9/B
B♭/C
C
Em7(♭5)
A7(♭13)/C#
Dm7
F/C

Disney Jazz

Fall in

Lo-fi

Disney · PIXAR
UP

species. Some of
are Autana, Pico da Neblina (the
on the Venezuelan-Brazil border), Auyantepui
and Mount Roraima. They are typically com-
Precambrian sandstone rocks, very
ntly from the

Married Life

Up, 2009
업

Michael Giacchino 작곡

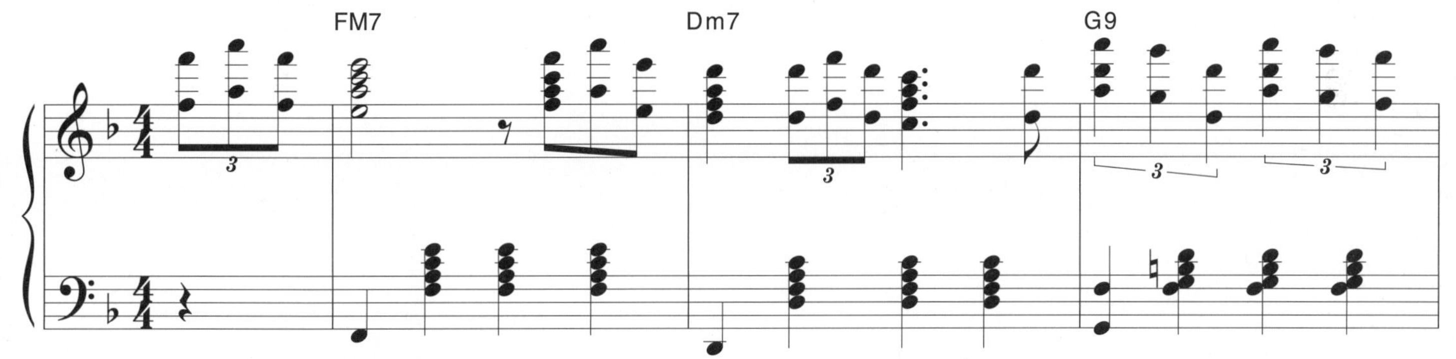

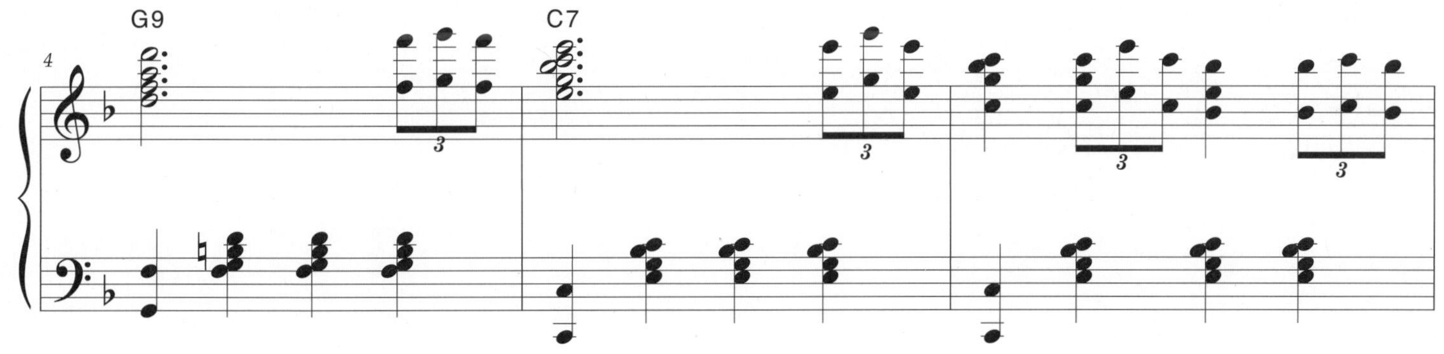

Abaug
FM7
Dm7
G9
C7/E
C7
FM7
C7
FM7(13)
Caug7
FM7
Caug7
F
Caug7
F
8va

발행인 김정태
편곡 지민도로시(Jimindorothy)
전무 김정열
편집 박지은 | **디자인** 정재희
마케팅 신찬, 송다은, 김지연
제작 유정근 | **경영지원** 한재현, 김아영, 강은별

발 행 일 2026년 2월 5일 (1판 1쇄)
발 행 처 삼호뮤직 (http://www.samhomusic.com)
　　　　　경기도 파주시 문발로 175
　　　　　마케팅기획개발부　　전화 1577-3588　　　팩스 (031) 955-3599
　　　　　콘텐츠기획개발부　　전화 (031) 955-3589　팩스 (031) 955-3598
등　　록 1977년 9월 10일 제 3-61호

ISBN　　978-89-326-3881-2